KB036580

우울해서 빵을 샀어

우울해서 빵을 샀어

일상이 로맨틱 영화의
한 장면이 되는
52가지 감성 레시피

ROMANCE
THE
EVERY DAY

안드레아 카스프르작 **지음**
카타리나 푸리처 **그림**
이현숙 **옮김**

이든서재

여전히 로맨스와 마법의 힘을 믿는

모든 이들에게

차례

INTRODUCTION

오늘은 우울해서 빵을 샀지만, 내일은 로맨스를 꿈꿀 거야!

"로맨스는 특별하고 화려한 것이다."

우리는 그렇게 배웠습니다. 특별한 주말의 프러포즈나 신혼여행의 샴페인처럼. 그러나 로맨스는 더 미묘하고 조용한 방식으로 다가와요.
핑크빛 하늘에 뜬 보름달이 로맨스가 될 수도 있지요.

무릎 위로 뛰어올라 당신에게 머리를 비비는 고양이
아침 햇살에 보물처럼 반짝거리는 눈 덮인 공원 벤치
할머니의 피아노 위에 옹기종기 모여 있는 도자기 개구리들
쏟아져 내릴 듯 딸기가 잔뜩 올라간 크림 파이 한 조각을 맛보며
혼자 책을 읽는 것

이 모든 것이 로맨스가 될 수 있습니다.

수영 클럽의 여성들에게 꽃과 직접 기른 채소를 가져다주는 것

따뜻한 차 한잔과 함께 새로 나온 만화책을 읽는 것

사랑하는 사람 옆에 앉아 지나가는 구름에 이름을 붙여주는 것

세상 모든 것이 로맨스가 됩니다.

그런데 우리는 왜 로맨스를 꿈꿔야 할까요? 로맨스는 삶을 예술로 바꿔 줍니다.

매일 즐기는 옷차림부터 아침 식사에 이르기까지.

일상의 놀이, 자연스럽게 흘러가는 감정, 상상력, 모험에 관한 모든 것이 로맨스가 됩니다.

그리고 로맨스는 우리를 더 깊은 곳, 우리의 가장 영적인 부분으로 끌어당기죠.

우리가 보고, 먹고, 춤추고, 듣고, 즐기고, 냄새 맡고, 느끼고, 사랑하고, 키스하고, 꿈꾸는 그 짧은 모든 시간에 우리가 감각적인 존재라는 사실을 일깨워 주는 것.

그것이 **'로맨스'**입니다.

다시 삶과 사랑에 빠지는 그 날처럼

　사회의 일반적인 인식과는 달리, 미혼이든 결혼을 했든, 빈털터리든 부자든, 행복하든 불행하든, 혼자든 여럿이든, 젊은 사람이든 나이 든 사람이든 누구나 로맨스를 경험할 수 있습니다.
로맨틱한 삶은 경제적 부나 사회적 지위에 달려 있지 않습니다. 그 것은 감각과 아름다움의 본질, 주어진 삶의 원동력을 극대화하고 지금 이 순간의 아름다움을 감상하는 데에 초점을 맞춥니다.
　우리의 상상력을 자극하는 이야기, 음악, 자연, 밤하늘과 탁 트인 도로처럼 주변에서 쉽게 접할 수 있는 아름다움과 감동을 발견할 수만 있다면 당신은 얼마든지 더 로맨틱한 삶을 살아갈 수 있습니다. 로맨스는 다른 사람을 사랑하는 것 못지않게 우리가 살아가는 매 순간을 사랑하는 것입니다. 나아가 논리적 사고와 이성에만 매몰되지 않고 우리를 더 깊고 풍부한 감성의 세계로 인도합니다.
사람들이 저마다 자신의 가치관에 따라 원하는 삶을 살아갈 때, 로맨스는 그저 유혹적인 흥미로운 감정을 채우는 데에 그치지 않고, 세상을 더 깊게 이해하고 더 큰 풍요를 찾는 경험이 될 수 있습니다.

　로맨틱하게 살아간다는 것은, 비록 삶이 녹록지 않더라도, 일상 속에서 작은 즐거움을 발견하고, 그 특별한 순간을 공유하며, 마음을 위로하는 것입니다.
물론 그런 삶을 영위한다는 게 쉬운 일은 아닙니다. 하지만 우리는 마음만 먹으면 언제든 로맨틱한 삶을 살 수 있습니다.

설거지하는 동안 포도주 한 잔을 음미하며,

해 질 녘 붉은 햇빛이 벽을 가로질러

흐느적거리는 모습을 바라보세요.

친구 앞에서 큰 소리로 시를 낭독해 보세요.

좋아하는 예술가의 전기 영화를 감상해 보세요.

고급 치즈를 맛보세요.

완벽한 빈티지 찻잔을 찾아서 열심히 온라인을 검색해 보세요.

시간이 지나 이러한 소소하고 반복적인 행동이 더해질 때 삶은 더욱 로맨틱하게 변합니다.

오늘을 살아가는 이들에게 로맨스는 어느 때보다 더 깊은 울림을 줄 수 있습니다.

요즘 세상이 어떤가요? 생활비는 하늘 높은 줄 모르고 치솟고, 뉴스는 온 사방에 공포를 불러일으키지요. TV나 휴대폰을 켜면 시청자들의 관심을 끌기에 급급한 질 낮은 프로그램들이 하루가 멀게 쏟아져 나옵니다. 우리는 다양한 디지털 기기의 화면 뒤에 숨어 이웃, 가족, 친구들과 연락을 끊고 있어요. 어떨 때는 부정적인 사람들의 의견에 동조하여 어둠과 절망 속에 쉽게 빠져듭니다. 하지만 그런 때일수록 석양을 바라보세요. 노래를 들으세요. 이야기를 읽으세요. 좋아하는 얼굴을 바라보세요.

그럼, 우리는 다시 삶과 사랑에 빠지게 됩니다.

로맨스는 당신이 가치 있는 존재임을 일깨워 주고, 당신이 사랑받는 존재임을 알게 해 줍니다. 당신은 소중하다고, 아름다움을 누릴 자격이 있다고, 마법 같은 황홀함을 경험할 자격이 있다고 말입니다. 대중문화는 우리에게 끊임없이 로맨틱한 순간은 다른 누군가가 만들어 줄 때 의미가 있다고 이야기합니다.

그런데 과연 그럴까요? 주변을 돌아보세요. 실제로 우리가 추구하는 로맨스는 이미 그곳에, 또 내면 깊숙한 곳에 존재할 거예요. 이 책을 통해 당신은 자기 자신을 행복하게 하는 것들이 세상에 어떻게 활력을 불어넣으며, 어떻게 가장 평범하고 일상적인 삶의 일부조차도 가장 특별한 순간이 될 수 있는지 알게 될 것입니다.

아주 사소한 행위도 로맨스가 될 수 있어요.
오렌지 껍질을 벗기는 지극히 단순한 행위마저
상큼한 시트러스 미스트를 풍기며,
손끝에 남는 달콤한 향기로 우리에게 순수한 즐거움을
선물할 수 있지요.

로맨스는 우리의 진정한 본질이 부드럽고, 감성적이며, 세상을 향해 열려 있는 존재임을 보여 줍니다. 우리는 일상의 아름다운 순간들을 진심으로 즐기고, 그 순간들을 소중히 여기는 사람들입니다. 로맨스는 나에게 이렇게 속삭입니다.

"내 삶의 주인공은 나 자신이다.
나는 매 순간 나 자신을 새로 써 내려간다."

로맨틱하게 살면 우리는 다른 사람을 더 온전히 사랑할 수 있습니다. 사랑하는 사람이 떠나도 로맨스를 잃을까 더는 두려워하지 않을 수 있습니다.

진정한 로맨스는 우리 내면에 항상 존재함을 알고 있으니까요. 누군가가 곁에 있든 없든, 당신은 로맨스를 경험하고 느낄 수 있습니다.

보편적 기준에서 성공한 삶을 사는 사람은 많습니다만, 진정한 기쁨과 로맨스를 발산하는 이들은 그리 많지 않습니다.

사람들이 로맨스를 포기했는지 알아차릴 수 있는 건 언제일까요? 피부가 윤기를 잃기 시작하고, 눈빛이 흐려질 때입니다. 그런 사람들 주변에 있으면 눈에 보이지는 않아도 무거운 느낌이 전해져요. 너무 많은 사람이 로맨스를 불필요하고 비실용적인 것으로 치부합니다. 어쩌면 돈과 생산성에 집착하는 사회에서 로맨스는 완전히 쓸모없는 일처럼 보일 수도 있지요. 어느 정도는 사실입니다. 로맨스는 논리적으로는 그다지 의미가 없으니까요. 하지만 이 책을 읽으면서 '누가 그럴 시간이 있기나 한가?', '무슨 의미가 있겠어?', '언감생심이지.'라고 중얼거리고 있다면, 지금 당신에게 로맨스가 더 절실하다는 신호일지도 모릅니다.

로맨스는 우리 삶에 색깔을 입혀 주고, 즐거움과 경쾌함, 반짝임을 더해 줍니다.

우리 자신의 감정을 보듬고, 타인과 공감하며, 일상 속에서 삶의 소중함과 의미를 발견하는 데 크나큰 보탬이 됩니다.

로맨스에 마음을 열지 않는다면, 정말 살아 있다고 할 수 있을까요? 화면 뒤로 가려진 사회에서, 로맨스는 인간성을 되찾을 방법입니다. 기술은 우리에게 많은 혜택을 주지만 데이터만으로는 우리의 영혼을 살찌울 수 없습니다. 놀라움, 이야기, 마법과 같은 황홀함, 아름다움, 신비, 모험이야말로 영적인 영역이자, 진정한 로맨스를 발견할 수 있는 곳입니다.

각자 조금씩 다른 방식으로 로맨스를 즐기세요. 로맨스는 누군가가 강요할 수 있는 것이 아닙니다. 오로지 느낄 수 있을 뿐이죠. 이 책을 사용하는 데 정해진 방법은 없습니다. 순서대로 책의 내용을 따라가도 좋고, 목차를 휘리릭 훑어보다가 마음에 드는 부분을 골라 읽어도 좋고, 운명의 한 문장을 찾아 아무렇게나 펼쳐서 나온 내용을 읽어 봐도 괜찮습니다. 공감할 수 있는 내용만 추리고 그 나머지는 과감하게 버려도 괜찮습니다.

이 책은 당신에게 기쁨과 행복을 가져다주는 것들을 즐길 수 있도록 영감을 주려는 것뿐입니다. 이것이 당신에게 어떤 의미인지 알아보려면, 온종일 당신을 행복하게 만드는 것에 주의를 기울여 봐야 하죠. 어쩌면 특정한 종류의 음악이거나, 특별히 당신의 흥미를 끄는 주제일지도 몰라요. 토마토 재배에 관심이 많다거나, 아니면 마카롱을 처음부터 만들어 보고 싶을 수도 있겠죠. 고풍스러운 옷을 입고 공원에서 차를 마시거나, 벽난로 앞에서 유령 이야기를 소곤거리는 것을 상상해 볼 수도 있어요.
마녀를 좋아하거나, 코카콜라, 볼링, 또는 으스스한 별장을 좋아할 수도 있겠죠.

당신만의 독특한 즐거움, 마음속 가장 내밀한 곳을 비추는 작은 반짝임에 귀를 기울여 보세요. 곧, 이러한 반짝임이 어디에나 존재함을 알게 될 테니까요.

기억하세요. 최고의 로맨스는 자기 자신과의 로맨스입니다.

매일 로맨스를 키워나가세요. 내면에 꽃피운 사랑이 새로운 이들을 만날 때마다 흘러넘쳐서 가는 곳마다 퍼져 나갈 거예요. 로맨틱하게 산다는 것은 마법을 향해 몇 번이고 계속 나아감을 선택하는 것입니다.

저자 안드레아 카스프르작

해 뜨기 전, 암브로시아*의 시간

해 뜨기 2시간 30분 전, 해가 지평선에서
60도 각도로 떠오르기 시작하는 이 시간이
바로 요가 수행자와 신비주의자들이
'암브로시아의 시간'이라고 부르는 때입니다.

요가 경전에 따르면, 우주의 창조적인 힘이 새벽 4시에서 6시 사이
에 힘과 에너지로 충만한 특별한 암브로시아를 공기 중으로 내보
낸다고 합니다.

암브로시아의 시간은 오로지 당신만을 위해 존재합니다.
나만의 평온한 행복을 느끼고, 우주와 단둘이서
오롯이 존재할 수 있는 시간이지요.
이 시간은 일상적인 업무에 쫓겨 다른 자아로 들어가기 전,
꿈꾸는 이들을 위해 준비된 시간입니다.

몇 년째 목록에 올려 두기만 했던 책이 있나요?
그럼, 그 책을 읽으세요.
소설을 쓰고 조금씩 고쳐 나가는 건 어떤가요?

---

* 암브로시아(Ambrosia)_ 요가 전통에서 신체와 정신의 정화를 도와주는 신성한 음식
이나 음료를 설명할 때 사용되는 용어. 이는 요가 수행 시 에너지를 높이고 정신적으
로 깨어 있는 상태에 도달하는 데 도움을 준다고 전해진다.

집안 한구석에 자리를 잡고 퍼즐을 풀어 보는 건요?

산미가 풍부한 커피나 묵직한 초콜릿 향과 고소한 캐슈너트 향이 감싸는 특별한 커피를 내리고 창가에 앉아 고요함을 만끽해 보세요.

도시가 활기를 되찾기 전, 이른 아침의 한적한 거리를 산책해 보세요.

집안의 식물에 물을 주고, 당신 말고는 누구도 귀가 솔깃해질 것 같지 않은 주제를 다룬 팟캐스트를 들어보세요.

하얀 메모지를 꺼내 사각거리는 연필로 당신이 꿈꾸는 인생 계획을 작성해 보는 것도 좋습니다. 인생 계획이 거창하다면 오늘 할 일을 적어 보세요.

새로 연 가게에서 점심 먹기, 친구와 자주 가던 빵집에서 늘 먹던 치아바타나 소금빵을 포장해 오는 것도 좋겠네요.

꼭 한번 보고 싶었던 영화를 감상해 보는 것도 좋겠지요.

이처럼 암브로시아의 시간을 나 자신과 아주 사적인 로맨스를 즐기는 데 활용해 보세요.

처음에는 일찍 일어나는 것이 무척이나 어려울 겁니다. 하지만 결국에는 다른 사람들이 깨어나기 전, 고요한 여명과 오늘 아침의 첫 기운을 나 혼자만 경험하는 신선함과 무한한 자유에 감사하게 될 것입니다.

우울해서 빵을 샀어

다이어트 중에도
빵집은 절대 못 지나쳐

'로맨스'는 천천히 느긋하게 감각을
즐기는 것입니다. 이 방법을 실천하기에
빵집보다 더 좋은 장소가 있을까요?

가게 문을 밀고 들어가세요.
고소한 버터 냄새가 가게 안을 한가득 채웁니다.
바삭한 크루아상
아이 머리만 한 크기의 큼지막한 땅콩버터 쿠키
레몬 치즈 케이크
금박을 입힌 헤이즐넛 타르트
바삭 고소한 소금빵

풍미가 가득한 빵들과 화려한 디저트가 유리 진열장 뒤에서 손짓
합니다.
시간을 들여 모든 품목을 꼼꼼히 살펴보세요.
페이스트리는 당장 먹을 것과 나중에 먹을 것, 두 개를 사세요.

빵집은 무척이나 다양합니다.
고소한 스콘만 파는 집도 있고, 달달한 마카롱만 파는 집들도 많습
니다.

작고 아기자기한 도넛 가게도 좋겠죠.

레인보우 스프링클을 잔뜩 뿌린 도넛 한 개를 씁쓸한 커피와 맛보면 이 또한 즐겁습니다.

맞춤 디저트 가게를 방문해 의미 있는 메시지를 담은 케이크를 디자인해 보는 것도 좋습니다. 꼭 무슨 날이 아니어도 괜찮습니다.

케이크를 들고 아름다운 경치가 있는 곳으로 가서 여유로운 친구들과 깜짝 파티를 여는 겁니다.

쿠인아망*을 제대로 발음해 보고 공원에서 혼자 맛을 봅니다.

다채로운 색상의 마카롱을 고르세요.

동료들에게 깜짝 쿠키 선물을 해 보세요.

스콘에 진지한 관심을 기울여 보세요.

크루아상이 어떻게 만들어지는지 관찰하고 풍미를 느끼면서

그 수고로움에 감사함을 느껴 보세요.

진열장에서 가장 값비싼 디저트를 골라 탐닉해 보세요.

'로맨스'란 우리가 경험하는 모든 경이로움을 음미하는 것입니다. 제빵사가 이른 아침부터 기울인 노력과 그 정성이 빚어낸 그림처럼 완벽한 페이스트리의 모습, 그리고 마지막으로 입안 가득 퍼지는 풍부하고 맛있는 한 입까지.

---

* 쿠인아망(Kouign-amann)_ 프랑스 브리트니 지방의 전통적인 빵으로 고소하고 달콤한 맛이 일품이다.

　　　　　　　　　　　　　우울해서 빵을 샀어

빗질한 해변에서 즐기기, 비치코밍*

우리 모두에게는 자연 속 어딘가에서
기쁨을 받는 장소가 있습니다.
나에게는 미시간 호수의 해변과 서부 해안선을
따라 펼쳐진 고풍스러운 동네들입니다.

그랜드헤이븐, 소가턱, 러딩턴, 사우스헤이븐,

머스키건, 홀랜드, 펜트워터

어릴 때는 여동생과 함께 모래성을 쌓기도 하고, 부두를 신나게 뛰어다니고, 해안가 여기저기를 돌아다니면서 하루를 보내곤 했습니다.

매년 여름은 물론, 겨울에도 이따금 여동생과 함께 바다를 떠다니다 우연히 우리 동네로 놀러 온 나무 조각이나 티 하나 없이 뽀얀 돌멩이, 작은 조개, 혹은 섬세한 흰 깃털을 발견하는 즐거움을 마음껏 누렸지요.

비치코밍은 당신의 걸음 속도를 늦추고 물 위에서 춤추는 햇빛과 부서지는 파도 소리, 또는 공기 중에 짙게 퍼지는 선탠로션 냄새와

---

* 비치코밍(Beachcombing)_ 해변(beach)과 빗질(combing)의 합성어로 마치 해변을 빗질하듯 해변에 흩어져 있는 조개, 조약돌, 나무 조각이나 바다에서 떠밀려온 표류물, 혹은 쓰레기 등을 주워 모으는 활동을 말한다.

031

같은 주변의 세세한 부분에까지 주의를 기울이게 합니다.

이른 아침의 비치코밍은 정말 기분이 좋습니다.
머리 위로 따스한 온기를 채워 주는 햇살.
포옹하듯 당신을 감싸 안아 주는 부드러운 공기.
이는 우리를 생명의 심오한 신비와 연결해 줍니다.

해변이 가깝지 않다면 주변 숲속을 산책하는 것도 자연과 낭만적으로 교감할 수 있는 또 하나의 방법입니다.
풀밭에 버섯이 둥그렇게 원 모양으로 자라나 생긴 요정의 고리Fairy rings, 어느 이름 모를 새가 깜박 잊고 떨어뜨린 작은 깃털 등 경이로운 자연을 찾아보세요.
숲, 해변, 심지어 집 뒷마당에서도 시간을 들여 관찰한다면 어디서든 즐거움을 발견할 수 있습니다.
얼마나 자주 자연 속으로 모험을 떠나든 당신은 항상 놀라움을 경험하게 될 것입니다.

우울해서 빵을 샀어

내 머리맡은 언제나 신비로운 정원

어머니는 숲에서 야생화를 꺾어 침대 옆
탁자 위에 놓인 꽃병에 꽂아두는 것을
좋아하셨습니다.

침대 머리맡에 항상 꽃을 두는 습관을 들여 보세요.
그렇다고 꼭 이국적이거나 화려한 꽃다발일 필요는 없습니다.
정원에서 가져온 소박한 꽃도 정겨운 동네 레스토랑의 테이블 위
에 놓인 꽃처럼 언제나 사랑스러우니까요.

5월에만 뽐을 내는 여러 장미를 시도해 보세요.
열정을 상징하는 빨간 장미, 순수함의 대명사인 분홍 장미, 청명함
과 평화를 상징하는 하얀 장미, 매혹과 즐거움을 의미하는 노란 장
미, 깊이와 열정을 상징하는 짙고 어두운 붉은 장미, 첫눈에 반하는
사랑을 의미하는 라벤더 장미 등 그 종류도 참 다양합니다.

꽃의 언어인 '플로리오그래피*'를 통해 꽃에 대한 감상을 한 단계
더 발전시켜 보세요.
빅토리아 시대에 대중화된 플로리오그래피는 모든 꽃에 특정한 의

---

* 플로리오그래피(Floriography)_ 꽃말을 전하는 예술적인 언어 또는 은밀한 소통법.

미나 메시지를 전달합니다.

밝고 활기찬 느낌의 거베라*는 순수함, 순결, 충실한 사랑을,
모란은 행복, 아름다움, 사랑, 명예의 감정을 표현합니다.
블루벨†은 겸손, 칼라릴리‡는 아름다움을 나타내지요.
그리움을 상징하는 분홍 동백과 당신이 사랑스러운 존재임을
일깨워 주는 하얀 백합도 눈여겨보세요.

* 거베라(Gerbera)_ 국화과에 속하는 식물.
† 블루벨(Bluebell)_ 파란색의 작은 종 모양 꽃이 달리는 백합과 또는 지칫과 식물.
‡ 칼라릴리(Calla lily)_ 백합에 속하는 식물.

우울해서 빵을 샀어

온몸이 노래하는 보디 오일링

따뜻하고 향기로운 오일이 우리 몸을
이완시키면서 피부를 감싸 안는 느낌은
늘 자신의 몸을 평가하기에 바빴던 습관적인
생각을 잠시 잊게 하고
신체의 감각에 더욱 집중하게 해 줍니다.

건강식품 판매점에서 유기농 냉압착 참기름이나 아몬드 오일을
구매하고, 오일을 담을 가장 멋진 병을 찾아보세요.

이집트 유리병

골동품 물약 병

데이스파에서 사용하는 갈색 유리병

예전엔 캔들병으로 사용했던 에스닉한 유리병

종류도 다양합니다. 여기에 에센셜 오일을 추가해 보세요.
풍부한 아로마 향이 상상력을 일깨워 줄 겁니다.

바닐라와 뒤섞인 몽환적인 라벤더 향을 맡아보세요.
순간, 여러분은 지금 이곳을 떠나 고즈넉하고 이국적인 나라로
여행을 떠납니다.
그곳에는 말도 안 되게 나와 대화가 통하는 동물이 있습니다.
어떤 동물과 이야기를 나눠 보고 싶으세요?

나무 위에서 기린과 이야기를 해도 좋고, 조금은 뜨겁지만 사막 여우를 만날 수 있다면 화상도 결코 두렵지 않을 겁니다.

담장 위의 고양이도 좋겠죠. 늘어지게 하품을 하겠지만, 느긋하게 이야기하기로는 이만한 동물도 없을 겁니다.

그리고 조금 걷다 보면 그들이 알려준 작은 탑이 있는 분홍색 성이 보일 겁니다.

아로마 향초와 연기는 사탕으로 만든 오두막집과 스토브 위에서 끓고 있는 따뜻한 스튜의 이미지를 연상시키고 숲속 판타지를 불러일으킵니다.

파촐리 오일과 장미 오일은 내면의 숨겨진 여성성을 일깨우고, 숲 속 오두막과 비밀의 가마솥을 가진 녹색 마녀를 불러내어 상상의 나래를 활짝 펼치게 하지요.

자, 이제 눈을 뜨세요.

오일을 바른 뒤 가운이나 수건을 두르고 몇 분간 앉아 있다 옷을 입고 몸에 닿는 느낌이 어떤지 느껴 보세요.

온몸이 감사하는 마음으로 콧노래를 흥얼거리는 것만 같습니다.

우울해서 빵을 샀어

당신의 아침은 햅번 스타일인가?
쿠퍼 스타일인가?

─────────── 느리고 감각적인 '아침 식사'는
점점 사라져 가는 즐거움입니다.

요즘 우리는 일어나자마자 서둘러 정신없이 움직이느라 아침 시간을 제대로 즐기지 못하고 있습니다. 조금 더 일찍 일어나서 여유롭게 하루를 시작해 보세요.
당신의 인생은 당신이 부르는 사랑 노래입니다.
아침 식사를 예술로 바꿔 보세요.

멋들어지게 차려입고 영화 〈티파니에서 아침을〉의 오프닝 장면을 재현해 보는 건 어때요?

　　이른 아침에 일어나세요. 아직 사람들이 잠에서 깨어나기 전에요.
　　팽 오 쇼콜라를 사서 좋아하는 동네를 거닐며 예쁜 집들을
　　구경하는 동안 종이봉투에서 한 개 꺼내 한 입 크게
　　베어 먹어 보세요.

〈소공녀〉의 분위기를 풍기는 특별한 아침 식사를 즐겨 보세요.

동틀 무렵, 햇볕이 따스하고 부드러울 때 식사를 준비합니다.

노란 장미, 금빛 필러 캔들, 오렌지가 담긴 길쭉한 잔으로

테이블을 장식해 보세요.

가까운 빵집에서 사 온 크루아상을 준비하세요.

반짝이는 은쟁반에 여러 개의 소시지 링크*, 와플,

갓 잘라 놓은 과일을 가득 담아서 내오세요.

가장 멋진 잠옷을 꺼내 입으세요.

평소 좋아하던 곳이나 한 번도 가 본 적 없는 작은 마을의 식당에

가 보세요.

미드 〈트윈 픽스〉의 분위기가 물씬 풍기는 곳이면 더 좋겠네요.

블랙커피를 주문하고 파이 한 조각을 먹어 보세요.

어울리지 않는 커피잔, 매력적인 손님,

다방면에 걸친 예술 작품 등 색다른 마법을 느끼게 하는

레스토랑의 면면을 유심히 들여다보세요.

친구를 데려와서 다른 손님들을 관찰하며

그들이 누구일지, 무슨 이야기를 하는지 상상해 보면 어때요?

재미있을 것 같지 않나요?

시리얼이 진열된 통로를 따라 걸으면서 하나하나씩 살펴보세요.

다섯 살 때부터 좋아했던 시리얼을 찾아보세요.

---

* 소시지 링크(Sausage link)_ 사슬 형태로 이어진 길고 얇은 소시지.

우울해서 빵을 샀어

그러고 나서 그것을 큰 그릇에 담은 다음, 마시고 싶은 우유를 부어 주세요. 상자 뒷면에 있는 모든 글귀를 읽어 보는 것도 흥미롭겠죠.

침대에서 아침 식사를 즐겨 보세요.
딸기를 썰어 예쁜 접시에 담고 프렌치토스트 위에 가루 설탕을 뿌려요. 그다음으로 음식을 하트나 꽃 모양으로 만들어 보세요.
이처럼 아침에 내키는 대로 모든 것을 나 자신에게 선물하세요.

하루쯤 거품 목욕으로
사치스러워도 괜찮아

로맨틱하게 산다는 건 우리가
일상적으로 하는 일들을 더 특별하게 한다는
것입니다. 그저 그렇게 하는 것만으로도
행복을 가져다주니까요.

한낮에 거품 목욕을 하면 즐거우면서도 호사를 누리는 기분을
느낄 수 있습니다.
포도주 한 잔을 따라서 마셔 보세요.
기왕이면 질 좋은 로제 와인처럼 영묘한 분홍빛이 감돌거나,
꽃 그림이 그려진 병에 든 걸로요.
포도주를 마실 수 없다면 과즙이 붉은 오렌지처럼 놀랍도록
새로운 맛의 스파클링 소다를 마셔 보는 것도 탁월한 선택입니다.

목욕하기 전에 둥근 빵 모양으로 머리를 틀어 올리고,
잔머리를 몇 가닥 삐져나오게 해 보세요.
역대 가장 로맨틱한 헤어스타일로 손꼽히는 '거품 목욕 헤어'는 오
래전 추억의 영화에서 오드리 헵번이나 도리스 데이와 같은 여배
우들이 유행시킨 스타일인데, 부드럽고 자연스러운 우아함을 풍기
면서도 매력적인 분위기를 연출하는 데 이만한 게 없습니다.

욕조에 들어가기 전에 몸에 가볍게 향수를 뿌리고 보디 오일을 바르세요.

후끈해진 욕조의 열기가 욕실에 당신의 향기를 가득 채워줄 거예요. 오늘 특별히 선택한 입욕제와 곁들여서 향수를 물에 몇 방울 뿌려도 좋습니다.

매일 밤 거품 목욕을 즐겨 보세요. 이왕이면 밀린 일도 욕조에서 처리하는 게 어떨까요?

영화 〈스카페이스〉의 주인공처럼 평범한 일상을 특별하게 즐겨 보는 겁니다.

늘 뻔한 하루가 그럴듯한 시간으로 변화됩니다.

기억하세요, 거품이 있으면 모든 것이
더욱 로맨틱해진다는 것을.

우울해서 빵을 샀어

평범한 날 오히려 좋아, 케이크!

로맨틱한 음식 중에서
'케이크'가 빠질 수 없지요.

재료를 준비하고 구워내기까지, 그 기다림의 시간은 마치 사랑을 나누기 전의 황홀한 설렘과 같달까요.
케이크가 구워지는 동안 코끝을 감싸는 달콤한 향은 다가올 즐거움을 상상하게 합니다.
우리는 보통 늦은 저녁 시간, 즉 편안하고 느긋한 시간에 케이크를 즐깁니다.

케이크는 기쁨, 특별한 순간, 사랑, 풍요로움, 마법 같은 매력, 즐거움과 달콤한 사치를 요리의 한 형태로 풀어낸 것입니다. 그야말로 순수한 판타지인 동시에 예술 그 자체인 거죠.
널리 사랑받는 이 디저트는 독특하고 아름답고, 매혹적이며 즐겁고, 기발하고 유쾌하며, 또 때로는 이 모든 것을 담고 있기도 합니다.

케이크는 필수 식품군에 속하지 않습니다. 케이크가 필요한 사람은 없어요. 하지만 우리는 모두가 케이크를 원합니다.
기왕이면 여러 단으로 쌓아 올린 케이크에 양초도 많이 꽂고 싶고

요. 화려한 장식은 물론이고, 케이크 윗면과 옆면에 기가 막히게 잘
발린 버터크림 프로스팅이 눈길을 사로잡는다면 더할 나위가 없겠
지요.

케이크를 보고 깜짝 놀라면 좋겠습니다.
어디 그뿐인가요. 아주 따분한 날에는 케이크 한 조각이면
기분을 확 끌어올릴 수도 있어요.
어떤 케이크든 상관없습니다.

초콜릿 케이크
진한 치즈 케이크
폭신한 생크림이 단정하게 발라진 케이크
부스러진 쿠키가 잔뜩 쏟아져 있는 못난이 케이크
스프링클이 잔뜩 뿌려져 있는 핑크색의 하트 모양 케이크

뭐든 상관없습니다.

케이크를 즐기면서 로맨틱한 시간을 보내는 방법은 영화 속 장면
에서 얼마든지 영감을 받을 수 있습니다.
〈아직은 사랑을 몰라요 Sixteen Candles〉의 샘 베이커처럼 좋아하는 사
람을 초대하여 케이크를 먹으면서 로맨틱한 시간을 가져 보세요.
영화 〈5년째 약혼 중 The Five-Year Engagement〉의 웨딩 케이크 시식 장
면처럼 친구들과 함께 이 레스토랑 저 레스토랑을 돌아다니며 다
양한 케이크를 맛보는 건 어떤가요?

우울해서 빵을 샀어

주방 창문을 열고 〈잠자는 숲속의 미녀〉에서 주인공을 돕는 요정들처럼 새소리를 배경음악 삼아 케이크를 구워 보세요.
〈내 여자 친구의 결혼식^{Bridesmaids}〉에 나오는 애니 워커처럼 더없이 근사한 컵케이크를 만들면서 오후 시간을 보내는 것도 멋져 보입니다.

참, 소원을 비는 것도 잊으면 안 되겠죠!

아브라카다브라,
참^{Charm} 장식에 주문을 걸다

'참'은 영어로 '매력적인 것, 주문, 부적,
귀여운 장식품' 등의 의미가 있어요.
참 장식은 우리가 누구인지, 어디를 다녀왔는지,
무엇을 사랑하는지를 들려줘요.

어렸을 때 처음으로 장식용 팔찌를 손에 넣었던 기억이 새록새록
납니다.
첫 샌프란시스코 여행 때 손에 넣은 케이블카, 좋아하는 수족관의
펭귄, 글쓰기를 향한 나의 영원한 사랑을 담은 책 등 내가 수집한
보물 같은 '참' 하나하나에는 의미가 있습니다.

참 장식은 아주 오래전부터 존재했다고 전해집니다.
처음에는 단순히 돌, 조개, 뼈, 나무 조각을 팔찌에 꿰어 만든 것에
불과했다고 합니다.
그런데도 참 장식은 특별한 힘을 지니고 있다고 믿어졌지요.
악령을 쫓아내고, 행운을 가져오고, 큰 운을 불러일으킬 수 있다고
여겨졌습니다.
고대 이집트인들은 생명의 상징인 앙크[*]와 재생과 부활의 상징인

---

* 앙크(Aankh)_ 고대 이집트에서 생명을 상징하는 상형문자로 '이집트 십자가'라고
  도 불리며, 생명과 영생을 의미하는 중요한 상징물로 사용되었다.

스카라베 딱정벌레*와 같은 참을 차고 다녔습니다.

19세기에 이르러 참 장식은 빅토리아 여왕에 의해 인기 패션 아이템으로 떠올랐습니다.
빅토리아 여왕은 직접 참을 착용하는 것 외에도 참 팔찌를 즐겨 선물했으며, 착용자의 독특한 관심사에 따라 팔찌를 맞춤 제작했다고 합니다.
남편인 앨버트 공이 세상을 떠났을 때는 사진, 머리카락 자물쇠, 그외 부부가 함께한 추억을 담은 '애도' 팔찌를 만들기도 했습니다.

참 장식을 활용하여 감정을 표현해 보세요.

> 진정한 사랑을 상징하는 하트
> 꿈에 그리던 파리 여행을 떠오르게 하는 크루아상
> 언젠가 내 반려동물이라고 부르고 싶은 작은 고양이
> 나의 하루를 특별하게 만들어 주는 작은 악기

새로운 연인과 함께 떠나는 여행이나 자녀 인생의 중요한 이정표를 상징하는 참들로 특별한 관계의 기억될 만한 순간을 표현해 보세요.
가장 친한 친구의 참 장식과 어울리는 참을 착용해 보세요.

---

* 스카라베 딱정벌레(Scarabée)_ 고대 이집트의 중요한 상징물로, 태양의 신 '라'와 관련이 있으며 부적 또는 인장으로 사용되었다. 평평한 아랫면에 왕명, 신명, 공직명 또는 성문을 새기거나 왕의 기념적 사건을 기록하기도 했다.

우울해서 빵을 샀어

어떤 것이든 소중한 물건을 수집하는 것은 로맨틱한 일이지만,
특히 몸에 착용하는 것들, 손목에 달려 있든 목에 걸려 있든,
몸에 착용할 수 있는 개인적인 의미가 담긴 아이템들을 수집하는
것은 더욱 로맨틱합니다.

치즈의 발음은 늘 부드럽게
치이이이이이즈

내가 '치즈'를 좋아하는 이유는 맛은 물론이고
기분까지 좋아지기 때문입니다.

치즈에는 '카소모르핀'이라는 화학 물질이 풍부하게 함유되어
있습니다.
이 화학 물질은 사랑을 느끼게 하는 뇌 부위를 활성화합니다.

치즈는 천천히, 한 입 먹을 때마다 그 맛을 온전히 음미하는 게
좋습니다.
그렇게 하면 도파민을 생성하여 뇌에서 기쁨과 만족감을 느끼게
해 줍니다.

내 마음속의 치즈는 순수하고 소박한 즐거움과 같습니다.
집에서 가까운 치즈 가게로 나 홀로 데이트를 즐겨 보세요.
내가 자란 도시에는 '치즈 레이디'라는 이름의 매력적인 치즈 가게
가 있습니다.
거리에서 멀리 떨어진 아늑한 노란색 별장에 터를 잡고 있는데,
'캔디랜드'라는 보드게임에서나 볼 법한 느낌을 주지요.

내부는 원목으로 깔아 놓은 바닥과 칠판 간판, 어울리지 않는 천으로 덮인 테이블 등 아기자기한 실내 장식으로 꾸며져 있습니다.
선반에는 무화과 잼과 마르코나 아몬드, 해변 마을의 아이스크림 가게에서 파는 와플 콘과 똑같은 맛의 티슈처럼 얇은 크래커가 진열되어 있고, 원하는 만큼 치즈를 맘껏 시식할 수 있습니다.

얇은 크러스트 피자 위로 흘러내리는 모차렐라 치즈
버터나이프에서 바로 핥아먹는 버터처럼 부드러운
트리플 크림 브리 치즈
얇게 썬 사과와 곁들인 짭짤하고 달콤한 체더 치즈
꼬릿한 맛과 향, 곰팡이가 낀 듯한 요상하지만
그럴수록 더 매력적인 고르곤 졸라
구름 덩이를 마음대로 뭉쳐놓은 듯이 뭉텅뭉텅 잘라 놓은
리코타 치즈

가장 친한 친구 일곱 명을 초대해 퐁듀 파티를 열어보세요.
토르티야 칩에 치즈를 녹여 먹으면서 스포츠 경기를 즐겨보세요.
치즈를 작은 조각으로 잘라 화려한 칵테일 스틱을 꽂고 주방에 서서 먹어 볼래요?

구운 치즈와 토마토 수프를 만들어 봐도 만족스러울 것입니다.
손가방에 넣을 치즈를 샌드위치 봉지에 담아 챙겨 가세요.

우울해서 빵을 샀어

크림치즈와 염소젖으로 만든 치즈를 부드럽게 섞고 거품을 낸 다음 대추야자를 얹어 포틀럭 파티*에 가져가세요.
치즈는 어느 때고 늘 우리의 즐거움을 길~~~게 늘어뜨리고 풍부하게 해준답니다.

---

* 포틀럭 파티(Potluck party)_모임에 참석하는 사람들이 각자 음식을 가져와 나눠 먹는 식사 모임.

지금 이곳이 아닌 그 어딘가로, 영화 속 세계

──────────────── '영화'는 우리에게 완전히
새로운 세계를 보여 줍니다.
이보다 더 로맨틱한 것이 있을까요!

영화는 인간 내면을 탐구해 우리에게 심대한 영향을 미칠 뿐만
아니라 우리의 본질을 변화시킬 힘을 가지고 있습니다.

어떤 고전 영화는 현대의 가치관과 완벽히 맞지 않을 수 있지만,
그 시대에는 중요한 의미를 지니고 있었으며,
이것만으로도 시대를 초월한 매력을 지녔다고 볼 수 있지요.

고전 영화는 타임캡슐과 같습니다.
책에서나 접했던 고전 속 사람들과 현대의 우리들을 연결하는
역할을 합니다.
어릴 적 좋아했던 영화를 당신만큼이나 푹 빠졌던 누군가를
만나면, 당신은 그 사람과 미치도록 사랑에 빠질 수도 있어요.

  휴가를 낸 날, 낮에 혼자서 영화를 보러 가세요.
  휴일에 가족과 함께 팝콘을 잔뜩 들고
  영화를 감상하는 것도 무척 즐거울 거예요.

이제 얼마 남아 있지 않은 드라이브 인 영화관 중 한 곳을
찾아가 보세요.
방 안에 프로젝터 스크린을 설치하고 편의점에서
나초 칩이나 감자 칩을 준비한 다음,
공포 영화를 한 번에 몰아서 보세요.

금요일에 혼자 집에서 노트북으로 OTT 시리즈를 봐도 좋고,
조금은 난해하지만 독특한 세계를 담은 독립 영화를 봐도
꽤 괜찮은 시간이 될 거예요.
제일 친한 친구의 거실에서 질 좋은 스피커와 대형 스크린으로
블록버스터 영화를 감상해 보세요.

엄마가 학창 시절 점심 도시락에 챙겨 주셨던 간식을 사서
즐겨 보던 만화를 다시 시청하세요.
디즈니 영화를 모조리 보고, 친구들과
주제별 영화 모임을 가져 보세요.
이를테면 유령의 집에 관한 영화, 염력을 가진 아이들이
활약하는 영화, 80년대 로맨틱 코미디 영화,
동물이 등장하는 영화를 차례로 보는 식이죠.

비 오는 일요일에 감상할 여러 편의 영화를 일정에 넣어 보는 건 어
떨까요?
가장 좋아하는 배우, 가장 좋아하는 시대 또는 항상 궁금했던 직업
을 소재로 한 영화들로 채워 보세요.

우울해서 빵을 샀어

지도에 다트를 던져 해당 지역을 배경으로 한 모든 영화를 감상해
보세요.

영화 속 침실의 독특한 분위기를 경험해 보세요.

자기 자신에게 영향을 준 영화에 대해 다른 사람들과 의견을 나눠
보고, 그 속에서 반복되고 있는 주제를 찾아보세요.

마지막으로 영화 속 주인공이 된 듯이 삶을 살아 보세요.

어느 순간 내 방이
디올 매장이 되는 마법

내가 아는 사람 중에 중고 옷을 즐겨 사는데도
부유한 사람들의 주목을 받으며 자주
스타일링 서비스를 요청받는 여성이 있습니다.
언젠가 그녀가 비결을 말해 준 적이 있어요.

비싼 옷이든 싸게 산 옷이든 옷을 최대한 소중히 다루고,
항상 정성스럽게 접어서 걸어 두고,
평범한 옷이라도 값비싼 옷처럼 보이게 하는 멋진 옷걸이에
투자하라는 것.

자신이 가 본 가장 멋진 의류 매장을 떠올려 보세요.
모든 옷이 세심한 스타일링을 거쳐 진열되어 있을 것입니다.
이런 매장들은 옷을 이용해 마법 같은 유토피아,
즉 '옷 입기 놀이'와 '일상 탈출을 꾀할 수 있는 공간'을 만드는 데
도가 튼 매장들입니다.
집에서도 이와 같은 아이디어를 활용해 나만의 스타일 공간을
만들 수 있습니다.

꽃무늬 새틴 옷걸이에 옷을 걸어 보세요.
색감, 계절, 스타일에 따라 옷을 정리합니다.
옷을 예술 작품처럼 활용하세요.

문손잡이에 핸드백을 걸어 보세요.
재킷을 의자 위에 느슨하게 걸쳐 놓으세요.
무지개색 순서로 옷을 정리해 봅시다.
가장 마음에 드는 옷을 꺼내 놓으세요.

로맨틱한 옷장이라고 해서 꼭 화려할 필요는 없습니다.
자신의 물건을 사랑으로 대하면 새로운 매력을 발산하게 될 것이
고, 그 매력은 당신에게서 흘러나올 테니까요.

우울해서 빵을 샀어

엉덩이를 씰룩씰룩,
춤이 껍질을 깨고 터집니다!

아침에 일어나자마자 플레이리스트 노래에 맞춰
춤을 춰 보세요.
단 5분간의 움직임이더라도
하루의 분위기를 바꿀 수 있습니다.

커피를 마시기 전에,
휴대전화를 확인하기 전에,
이메일을 확인하기 전에 춤을 춰 보세요.
당신을 기쁘게 하는 노래를 틀어 보세요.

하루 중 춤을 출 수 있는 모든 작은 순간을 생각해 보세요.
마트에서 흘러나오는 음악에 맞춰 춤을 춰 보세요.
양치질을 하면서 춤을 춰 보고,
마트 가는 길에 춤을 춰 보세요.
버스 정류장, 기차나 차 안에서 흔들어 보세요.
현관문을 열면서, 도서관에서 책을 검색하면서,
또 물고기에게 먹이를 주면서 춤을 추세요.

낯선 사람들과 함께 춤을 춰 봐도 괜찮아요.
성인 댄스 수업에 참여해 보는 것도 좋겠죠.
열정적인 춤에 몸을 맡기세요.

로프트 파티*에서,

화려한 디스코 볼 조명이 비추는 클럽에서,

열광적인 록 팬들로 가득한 모시 피트†에서

야외 콘서트의 별빛 아래에서 마음껏 흔들어 주세요.

땀 흘리고, 숨을 내뱉고, 몸을 빙빙 돌리며, 움직여 보세요.

잿더미에서 떠오르는 불사조처럼 오래된 껍데기를 깨고 새롭게

거듭나는 듯한 기분, 더 빛나고, 더 활기차고 생동감 있는 새로운

기분을 느껴 보세요.

---

* 로프트 파티(Loft party)_ 건물 맨 위층이나 고층 건물의 개방된 공간에서 열리는 파티.

† 모시 피트(Mosh pit)_ 록 콘서트장의 무대 전면구역.

　　　　　　　　　　　　우울해서 빵을 샀어

쉿, 어때요, 일기 씨, 우리 비밀 이야기할까요?

———————————— 첫 '일기장'을 기억하나요?
전 세계 누구의 일기장이든 하트 모양의
자물쇠가 달려 있을 겁니다.

일기는 복잡한 세부 사항과 깊은 감정을 담을 수 있는 공간입니다.
모든 것을 공개적으로 공유하도록 부추김을 받는 시대에
일기를 쓰는 것은 '과잉 공유'를 방지하는 역할을 합니다.

일기를 쓴다는 것은 전적으로 나와 일기장 사이의 소통이므로
다른 사람에게 보여 줄 의무가 전혀 없기 때문입니다.
어떤 것은 나만 알고 있는 게 더 나은 선택이기도 하고,
그편이 훨씬 더 로맨틱합니다.

소셜 미디어는 다른 사람들에게 우리를 주목해 달라고 요구하지
만, 일기는 우리 자신에게 말을 걸어야 합니다.
그렇기에 많은 사람에게 빈 페이지는 부담스러울 수 있습니다.
하지만 일기를 로맨스로 바꾸고,
자기 자신을 이해하고 정리하는 공간으로 바꿔 나간다면
하루 동안 경험하는 모든 것을 가치 있게 여기고 주목할 수 있게
됩니다.

자신의 삶을 타인의 삶과 비교하거나 다른 이들의 의견에 쉽게
휘둘리지 않습니다.
대신, 자신의 기억, 생각, 감정에 집중하게 되며,
사소한 것에도 깊은 의미를 부여하게 됩니다.

내 프렌치 프라이, 손잡은 노부부, 잠든 아기의 모습처럼요.

어디서부터 시작해야 할지 모르겠다면 좋아하는 것을 되는대로
나열해 보세요.

더운 여름날 수영장에 뛰어드는 것
질푸른 겨울밤의 보름달
생일 촛불을 끄고 난 후에 방안에 퍼지는 냄새
끔찍했던 하루 일과를 끝내고 다이빙하듯 달려드는 이불 속

과거, 현재, 미래의 로맨틱한 경험을 로맨틱한 감성으로 표현해 보
세요.
읽고 싶은 책, 보고 싶은 영화, 가고 싶은 장소, 배우고 싶은 것들을
끼적여 보세요.

진정한 로맨티스트는 언제나 글쓰기를 통해 자신을 표현합니다.

우울해서 빵을 샀어

어제의 따분한 나를
미치도록 흥분시킬 드레스업

단 하루만이라도 우리는 '옷'이라는
매개체를 통해 어떤 라이프 스타일이든
경험해 볼 수 있습니다.

이런저런 옷을 입어 보면서 역할 놀이를 하면 그날의 기분,
느낌, 의도, 분위기가 달라지고,
실제로 그에 가까운 라이프 스타일을 경험할 수 있어요.

어렸을 때 우리는 특정한 옷차림과 스타일을 바탕으로
그 모습에 어울리는 삶을 그려 보곤 했습니다.

그런데 왜 더는 그런 상상을 하지 않는 건가요?
아침에 옷장 앞으로 걸음을 옮길 때 우리 자신에게 물어보세요.

"오늘 나는 어떤 모습을 한 어떤 사람이 되고 싶은 거지?"

포근한 터틀넥 스웨터
부드러운 데님
화려한 플레어 스커트
아찔한 핫팬츠

통이 넓은 배기 팬츠
한껏 멋스러운 점프 수트

한 손에는 백포도주 한 잔을, 다른 한 손에는 모란 꽃다발을 들고 해안가 마을에 있는 당신의 모습을 상상해 볼까요?
이럴 때는 어떤 옷을 입으면 좋을까요?
에스닉한 분위기의 원피스가 멋들어지겠죠?
하늘하늘 나를 감싼 린넨 원피스를 입고 여유로운 아침 산책을 즐겨요.
오후 3시에는 야외에 앉아 포도주 한 잔을 음미합니다. 친구들을 초대해 차를 마셔요.

불투명한 검은색 타이츠와 벨벳 초커, 록스타들이 입을법한 특별하고 화려한 모피 코트를 입어 보세요. 이런 차림으로 중고 서점에 가서 미술사 책을 쇼핑하는 것도 어울리겠죠?
박물관에서 데이트를 해도 좋아요.
시내를 드라이브 하며 이 지역에서 가장 오래된 건물의 건축물을 감상해 보세요.
폴라로이드 카메라로 사진을 찍어 엔틱한 분위기를 내도 좋겠네요.

밤늦게까지 온라인 검색을 통해 찾아낸 코르셋, 블루머, 시대 의상을 입어 보세요.
의상의 역사도 공부해 보고요.

우울해서 빵을 샀어

비단 옷걸이나 빈티지 신발 등 되는 대로 마구잡이로 수집해 보세요.

재미있을 것 같지 않나요? 깜짝 파티에 초대받을지 모르니 미리 준비해 두면 좋겠죠?

토트백에 타로를 넣고 다니면서 파티에서 어색한 기분이 들 때마다 아무거나 하나 꺼내 카드를 읽어 보세요.

청바지와 티셔츠, 카우보이 부츠, 그리고 술 장식이 달린 옷을 입어 봐요.

여기에 맞는 요리는 역시 바삭한 닭튀김과 으깬 감자튀김이겠죠?

발을 흔들면서 절로 박자를 맞추게 하는 단순한 리듬의 포크 음악을 들어 보세요.

> 옷을 갈아입는 것은 우리가 모두
> 매일 행하는 로맨틱한 의식입니다.
> 옷을 갈아입는다는 것은 '나'라는 사람의 이야기를
> 다시 쓴다는 의미입니다.

왁자지껄, 이것이 바로 시장의 맛!

당신이 사는 동네에 시장이 있나요?
'시장'은 가장 친밀한 소통을 할 수 있는
장소입니다.

우리는 눈을 마주치고 손에서 손으로 물건을 주고받습니다.
대형 상점의 붐비는 통로와 무뚝뚝하고 일방적인 무인 계산대를
대체한, 신선한 냄새와 웃는 얼굴은 우리에게 친근하고 건강한
쇼핑 경험을 선물해 주지요.

과일과 채소를 주고받는 행위,
그 자체가 특별한 사랑의 언어가 되는 셈입니다.

내가 사는 동네에는 공원 가는 길에 작은 가판대가 있습니다.
가끔 그곳에 들러 노오란 옥수수와 찰진 토마토를 사곤 합니다.
얼굴에 세월의 흔적이 묻어 있고, 지혜로워 보이는 인상의 농부나
반백의 노인이 덤으로 고추며, 깻잎을 주기도 하지요.

바닷가 근처에 살았을 때는 칠이 벗겨진 나무 가판대에서 자두를
사려고 차를 세우곤 했습니다.

그리고 나서는 해변으로 차를 몰고 나가 햇볕 아래에 앉아 대충
티셔츠로 자두를 쓱쓱 닦아 야무지게 한입 베어 먹었지요.

도심을 떠나 외곽으로 나간다면 그 지역에서 가장 오래된 시장을
찾아 보세요.
지역 농부들과 친해지세요.
그들에게 미소를 건네고 오늘은 어떤 물건이 가장 좋은지
물어보세요.
지역의 날씨 이야기로 친근함을 건네도 좋겠죠.
꾸깃한 현금을 잘 펴서 계산하고, 상인들에게 오늘 산 재료로
어떤 요리를 하면 좋을지 요리법을 물어보세요.

두 손 잔뜩 사 온 채소나 생선으로 상인들이 알려준 방법으로
요리를 즐겨 봅니다.
이 보물 같은 식품이 당신의 식탁에 오르기까지 얼마나 많은
이들의 노력과 수고가 있었는지 생각해 보세요.

우울해서 빵을 샀어

때론 온화하게, 때론 열정적으로!

'불'은 로맨스의 완벽한 상징입니다.
불의 열과 에너지는 우리에게 생명을 불어넣고,
그 온기와 아늑함으로 위안을 주지요.

따뜻한 장작불이 타닥거리는 소리를 내며 활활 타오릅니다.
불꽃이 솟아오르고 작은 불씨들이 하늘에 흩어지는 모습을
보고 있노라면 최면에 걸린 듯 완전히 넋을 잃게 됩니다.
불은 주변에서 무슨 일이 일어나든 신경 쓰지 않습니다.

당신이 그 불을 계속 타오르게 하는 한,
불은 아무것도 요구하지 않습니다.

불을 피우면 사람들이 모여듭니다.
우리는 불 주위에 둘러앉아 친밀한 대화를 나누고
음식을 함께 나누면서 로맨틱한 시간을 보냅니다.

작가 친구와 나는 마서스비니어드*에 있는 집을 딱 한철 빌리기로

---

* 마서스비니어드(Martha's Vineyard)_ 미국 매사추세츠주 코드 곶 연안의 섬이자 고급 휴양지.

했습니다.

우리가 머무는 집에는 난방기기나 TV는 없었지만, 그럴듯한 벽난로가 있었습니다.

우리는 매일 밤 자전거를 타고 식료품점에 가서 장작을 구해 집에 돌아와 불을 지폈습니다. 이 저녁 루틴은 현실적인 동시에 다른 세계에 온 듯한 초현실적인 느낌을 자아냅니다.

모닥불은 우리에게 마음을 터놓고 위안을 얻을 수 있는 분위기를 느끼게 하고,

예술을 추구하면서 불확실한 미래로 불안해하던 우리의 마음을 달래 줍니다.

불에 얽힌 가장 기억에 남는 추억을 떠올려 보세요.

어릴 적 캠프파이어를 즐겨 본 적이 있나요?

멍하니 불 앞에 앉아 하늘로 춤을 추는 반딧불 같은 불꽃을 바라본 적이 있나요?

해변에서 모닥불을 피워 보세요.

커다란 스웨트셔츠를 입고 스모어*를 구워 보세요.

스키장 근처 숙소에 가거나 벽난로가 있는 레스토랑을 찾아보세요.

벽난로 가까이에 앉아 보세요.

캠핑할 때 모닥불을 크게 피워 놓고

---

* 스모어(S'more)_ 미국과 캐나다에서 캠프파이어 때 즐겨 먹는 간식으로 크래커 사이에 초콜릿과 구운 마시멜로를 넣어 만든 디저트를 말한다.

우울해서 빵을 샀어

찰랑이는 하이볼 한 잔도 좋겠네요.

마지막 불씨가 꺼지고 이른 새벽이 밝아 올 때까지

이야기를 쏟아내 보세요.

외딴곳에 오두막을 빌려 보는 건 어떤가요?

도서관에서 빌린 책들을 바닥에 깔아 놓으세요.

커다란 담요로 몸을 감싸고 잠옷 차림으로 벽난로 주위에 앉아

차를 마시면서 장작불이 타닥타닥 내는 소리를 벗 삼아 책장을

넘겨 보세요.

발을 들이는 순간, 사랑에 빠진다

'온실'에 들어서면 마법을 경험하게 됩니다.
향긋한 흙 내음과 살아 숨 쉬는 식물들의
생기가 느껴지죠.

온실은 지친 여행자에게도 로맨스를 되찾게 해 줍니다.

어머니는 어릴 때부터 꽃에 대한 사랑을 심어 주셨습니다.
매년 봄이면 우리를 '플라워랜드'라는 온실에 데려가 빨간 수레에
꽃을 가득 채우셨지요.

화사한 색의 꽃
물방울을 꽉 잡아챈 푸릇한 잎사귀
온실 바닥에 고인 물웅덩이
포근한 흙냄새

풍부한 감각적 경험은 영원히 기억 속에 아로새겨져 있습니다.

어머니는 꽃을 고르는 데 한참이 걸렸습니다.
지금도 여전하시죠.
어디에 살든, 얼마나 오래 사시든, 어머니는 시간을 내어

아름다운 정원을 가꾸세요.

햇볕에 따뜻해진 흙에 손을 넣으면 몸과 마음이 치유되는 느낌을
받습니다.
집에 야외 공간이 없다면 실내 화분용 화초를 키워 보세요.
로맨틱한 분위기를 더할 수 있을 거예요.
식물에 물을 주고 돌보는 행위는 모든 로맨스가 서로를 보듬고,
사랑을 전하고, 서로의 말에 귀를 기울이는 행동을 닮았습니다.

모든 것은 가꾸는 만큼 성장하지요.
근처 식물원으로 나 홀로 데이트를 떠나 보세요.
나뭇잎을 문질러 손끝에 스미는 향기를 느껴 보세요.
나만의 허브 정원을 가꿔 보세요.
온실 통로에 가만히 서서 식물의 비밀 언어에 귀 기울여 보세요.
직감적으로 내 마음에 와닿는 식물을 선택하세요.
분홍색 선인장을 집으로 가져가서 이름을 지어 주세요.

우울해서 빵을 샀어

선물이 아닌 듯한 선물을
전해 보세요

─────────── 로맨틱한 사람들은 '선물'을 주는 것을
매우 중요하게 생각합니다.

로맨틱한 선물을 준다는 것은 자신을 내려놓고
받는 사람의 관점에서 사물을 바라보려고 노력하는 것입니다.
내가 좋아하는 것에 초점을 맞추지 말고 상대방의 취향을 염두에
두고 쇼핑하세요.

누구에게나 줄 수 있을 법한 비싸지만 흔한 선물은 피하는 게
좋습니다.
받는 이의 개성을 존중하고,
그 사람만의 고유한 특성을 인정해 줄 선물을 찾는 게 중요합니다.
진심으로 로맨틱한 마음을 담아 선물을 주게 되면
상대방은 자신이 진정으로 이해받고 소중한 사람이라는 느낌을
받을 수 있습니다.

선물 포장도 중요한 부분입니다.
예산이 빠듯하더라도 선물을 정성스럽게 포장하세요.

자신만의 독특한 필체를 담은 손 편지를 쓰고,
오래전 팬시 숍에서 샀던 스티커를 꺼내 취향에 맞게 붙여 보세요.
정성스레 포장한 선물에 리본과 물결 모양의 장식을 달아 보세요.
때론 우스꽝스러운 사진을 붙여도 기억에 오래오래 남을 겁니다.
그런 선물은 포장지를 함부로 뜯지도 못할 테죠.

선물을 포장한 방법만으로도 사람들은 당신의 정성을 높이 평가할 겁니다.

선물을 받는 상대가 물질적 소유나 소비에 열중하는 사람이 아니라면, 경험을 선물하는 것이 더 의미 있을 수 있습니다.

시를 쓰세요.
그림을 그려 보세요.
편지를 써 보세요.
요리나 밤 외출, 혹은 주말여행을 계획할 수도 있지요.
또는 포도주 한 병을 들고 옥상이나 해변에 함께 앉아
술을 즐기는 것도 좋은 방법입니다.

전혀 예상하지 못한 순간에 선물을 주세요.

평범한 화요일에 우편으로 카드를 보내거나,
주중에 피크닉을 계획하거나,
데이트할 때 작은 감사의 표시를 해 보는 거죠.

우울해서 빵을 샀어

서프라이즈는 로맨스의 본질이니까요.

모든 사람에게 줄 수 있는 특별한 선물을 생각해 보세요.
우리 어머니는 달맞이꽃을,
하와이에서 영화관을 운영하던 한 여성은 영화 상영 후 망고를
나눠 주었답니다.
특별한 선물은 오래도록 기억에 남기 마련이죠.

기회가 있을 때마다 다른 사람들에게 작은 로맨스를 전하면
언제나 열 배로 돌아올 거예요.

이상하고 별스러운 '글래머 루틴'

진정한 로맨티스트라면
누구나 한 가지 이상의 '글래머 루틴'을
가지고 있습니다.

'글래머'란 상대를 사로잡고, 마음을 끌어당기고, 매료시키는 독특한 능력입니다.

이는 얼굴의 입체감을 살려 주는 윤곽 화장법과 같은 일반적인 미용 습관을 의미하는 게 아닙니다. 글래머에 대한 고정관념은 잊어버리세요. 누구나 자신만의 매력을 정의할 수 있습니다.

나만의 글래머는 나의 고유한 자기표현을 존중하고 기념하는 수단이자 트레이드 마크가 됩니다.

그러니까 '글래머 루틴'은 오직 나에게만 해당하는 매력적인 루틴을 뜻합니다.

당신에게 가장 잘 어울리는 '글래머 루틴'을 찾는 데는 몇 년이 걸릴 수도 있습니다.

이 발견의 과정이 로맨스의 한 부분입니다.

남들의 루틴과 일상은 모두 잊고 자기 자신을 더 깊이 들여다보세요.

'글래머'는 나만의 매력과 고유한 특성, 나를 사로잡는 생각을 받아들이는 것이니까요.
특히 이상하거나 별스럽다고 생각하는 것들 말이죠.

유독 마음이 끌리는 장소나 시대, 이야기, 영화, 특정 선조나 조상, 색채, 미적 특질이 있나요?

어쩌면 당신은 어릴 때 기억을 되살리는, 한동안 잊고 지냈던 로션이나 향수를 추억하고 싶은 건지도 몰라요.
아니면 당신의 뿌리나 문화적 배경에서 영감을 받았을 수도 있겠지요.
개인적으로 의미가 있는 스타일을 생각해 보세요.
'글래머'는 자신의 삶에서 기쁨과 즐거움을 주는 특별한 루틴이나 의식을 자유롭게 즐기는 것입니다. 그런 의식적인 활동이 우리에게 행복과 즐거움을 가져다주기 때문입니다.

당신은 현관문 옆에 몇 개의 향수병을 두고,
그날그날의 기분과 날씨에 맞춰 진한 향을 더합니다.
매일 그날의 패션에 맞춰 속옷을 진열해 놓기도 하고,
매주 수요일, 샤워하기 전 천연 솔로 피부를 문질러
한 주간의 스트레스와 짜증을 박박 문질러 닦아 내기도 합니다.
망고향이 나는 바디솝으로 천천히 시간을 들여
구석구석 몸을 닦아 내기도 합니다.
축구 경기가 열리는 일요일에는 빨간 립스틱을 바르고

우울해서 빵을 샀어

아이섀도를 두껍게 칠하기도 하지요.

무엇이 글래머 루틴인지는 오직 당신만이 정의할 수 있습니다.

기억하세요,
글래머 루틴은 창의성을 돋보이게 하는 나만의 고유한 표현이자,
나만의 매력을 드러낼 수 있는 일종의 마법이라는 것을.
글래머 루틴을 즐기는 시간을 가지면 자연스레 자신을 사랑하는
마음이 우러나오게 됩니다.

오늘은 누에고치가 되는 날

당신은 다양한 방법으로 자신만의
세계를 만들 수 있습니다.
글을 쓰거나, 꿈을 꾸거나,
아니면 '해먹'에 몸을 맡길 수도 있어요.

해먹은 세상에서 약간 벗어난 느낌을 주면서도
주변의 냄새, 소리, 풍경도 온전히 경험할 수 있어 무척 짜릿한
시간을 선사합니다.

해먹은 부드러운 천으로 감싼 안락한 포옹과도 같습니다.
때로는 절대 기억할 수 없는 순간이지만 엄마 뱃속에서
숨을 죽이고 있는 느낌도 듭니다.

하와이에서 자동차 뒷좌석에 항상 해먹을 가지고 다니던 친구가
있었습니다.
그는 기분이 좋을 때면, 즉 점심시간이나 롱아일랜드의 북해안으
로 가는 길에, 혹은 해가 저물기 직전의 황금 같은 시간에는
언제나 해먹을 나무에 묶고 좋은 책이나 일기장을 집어 들고서
해먹 안으로 사라지곤 했습니다.

해먹 안에 몸을 웅크리고 있으면 마치 번데기 안에 있는
애벌레가 된 것 같은 기분이 들어요.
이곳에서는 사색과 호기심, 또 하루를 돌아볼 수 있는
여유가 생깁니다.

마침내 밖으로 나오면 상쾌한 기분에 몸과 마음도 가벼워집니다.
감각은 예리해지고 정신이 활력을 되찾게 되지요.

해먹을 사서 어디를 가든 가지고 다녀 보세요.
호수로 나가 보세요.
지나가는 요트를 바라보며 흙냄새 가득한 공기를 마셔 보세요.
공원을 방문하고, 유칼립투스나 소나무의 향을 맡아 보는 것도
좋습니다.
새소리를 들으며 맨발로 따스한 햇볕을 느껴 보세요.

우울해서 빵을 샀어

무엇이든 머리 위에 얹어 보세요

머리에 재미있는 것을 쓰는 것은
마치 택시가 승객을 끌기 위해
'빈 차'라는 표시 등을 켜는 것과 비슷합니다.

머리에 무언가를 쓰는 것만큼 사람들의 눈길을 사로잡는 것도
없습니다.
나머지 스타일은 특별할 필요조차 없어요.
모자, 머리 장식 또는 기발한 액세서리를 착용한다면 사람들은
가던 길을 멈추고 당신을 주목할 거예요.

요즘에는 외모에 대한 언급으로 서먹서먹한 분위기를 깨기가
쉽지 않지요.
하지만 누군가의 모자를 칭찬하면 언제나 말랑말랑한 분위기로
바뀔 수 있습니다.

모자는 당신의 인상을 바꿔 줄 수 있어요.
당신에게 활기찬 분위기를 더해 주고 매력을 한껏 높여 주거든요.
페스티벌이나 록 콘서트에서만 모자를 쓰란 법이 있나요?
일상에서도 모자를 써 보세요.

베레모를 쓰고 은행에 가 보세요.
필박스*를 쓰고 집세를 내 보세요.
페도라를 쓰고 무화과를 사러 가세요.
보닛을 쓰고 카눌레를 먹어 보세요.
헌팅캡을 쓰고 강아지 산책을 해 보세요.

모자는 신비로운 분위기와 흥미를 유발합니다.
자신감을 드러내기도 하죠.
한 친구가 커다란 햇볕 가리는 모자를 쓰고
침대 매트리스매장에 나타나 큰 화제를 불러일으킨 적이
있습니다.
사람들이 하나같이 뒤를 돌아보면서 내 친구가 누구인지
궁금해했습니다.

모자는 일상적인 삶에 더 많은 로맨스를 불러일으켜
새로운 경험과 인연을 만들 가능성을 높여 준답니다.

* 필박스(Pillbox)_ 작은 원통형 모자.

우울해서 빵을 샀어

바닐라 향이 나는 집안일이면
꽤 괜찮지?

집을 돌보는 일은 그 자체로도 로맨틱한 일이
될 수 있습니다. 집안일을 불평하는 대신
나에게 안락함을 주는 공간에 정성과 애정을
쏟을 기회로 삼아 보세요.

아늑한 분위기를 조성하는 것부터 시작해 볼까요?
당신이 좋아하는 분위기에 잘 어울리는 플레이리스트를 재생해 봅니다.
영화 사운드트랙이나 어둡고 신비로운 분위기의 고딕 판타지 음악도 좋고,
인기 있는 교향곡이나 포크 음악처럼 가볍고 경쾌한 음악을 틀어도 좋습니다.

창문을 여세요.
레몬 향 스프레이를 뿌려 공간에 상큼함을 더해 주고,
분위기에 어울리는 앞치마를 두르거나 옷을 입어 보세요.

프랑스풍 등나무 세탁 바구니와 비누, 청소 용품 용기에 투자하세요. 미관도 중요하니까요.
예쁜 메모지에 집안일 목록을 만들고,
해당 항목을 완료할 때마다 금색 별 스티커를 붙여서

시각적으로 보기 좋게 꾸며 보는 것도 재미있습니다.

로맨틱한 마음가짐으로 집안일을 대하면 일상적인 일도
더욱 특별해집니다.

매일 밤 설거지를 할 때 촛불을 하나 켜 두세요.
바닐라 향이 나는 것이면 더욱 좋겠죠.
설거지를 하는 내내 그 향은 집안을 은은히 데울 겁니다.
뜨거운 물과 향기로운 비누 거품이 주는 평온함을 느껴 보세요.
고급스러운 잔에 포도주나 탄산수를 따라 마셔 보세요.

서둘러 휴대전화를 확인하고 싶은 욕구를 잠시 달래고,
이 소중한 순간을 여유롭게 즐겨 보는 건 어떨까요?

세면대 옆에 예쁜 핸드 로션을 놓아두세요.
세안을 마친 후에는 로션을 발라 향긋한 향기를 맡으며
나 자신에게 상을 주세요.
이 시간은 하루를 되돌아볼 수 있는 나만의 시간이고,
당신의 공간을 더 느긋하게 즐길 기회입니다.

집안 곳곳에 벨벳, 스팽글, 유리 공예품처럼
로맨틱한 분위기를 낼 수 있는 소소한 방법을 찾아보세요.
샤워실에는 유칼립투스를, 세탁실에는 디스코 볼을 걸어 두면
어떨까요?

우울해서 빵을 샀어

거울을 금색으로 칠하거나 중고품 가게에서 구한 예술 작품으로 한쪽 벽을 장식해 보세요.

집안일을 할 시간이 되면 서두르지 말고 이런 공간에서 작은 즐거움을 누려 보세요.

어디에서든 체크 시트를 깔면
센트럴 파크가 됩니다

'피크닉'을 너무 복잡하게 생각할 필요는 없어요.
날씨 좋은 날 밖에서 맛있는 음식을 먹으면
얼마나 즐겁던가요!

모든 음식은 신선한 바깥 공기와 야외의 바람 소리, 새 소리,
나뭇잎이 바스락거리는 소리 등 자연의 소리가 곁들여지면
더 맛있게 느껴집니다.

멋진 경치, 맛있는 음식, 청명한 하늘 아래 내 몸이 쉴 편안한 자리.

이 간단한 공식만 기억하면 됩니다. 물론, 간소하게 준비하는 것도
잊지 말아야겠지요.
해변이나 공원에서 치즈, 포도, 크루아상 한두 개, 포도주 두 잔,
담요 한 장만 있으면 이보다 더 아름다운 호사는 없을 겁니다.

혼자라도 괜찮아요.
자연 속에서 혼자 있는 시간은 그 누구에게도 방해받지 않는
호젓하고도 멋스러운 시간입니다.

공원 벤치에 앉아 시저 샐러드를 즐겨 보세요.

도시의 거리를 활보하며 복숭아도 한 입 깨물어 보고,
다양한 종류의 과일과 쿠키, 크래커, 초콜릿, 리넨 냅킨,
막 볶아 우려낸 커피를 가득 담은 텀블러를 챙겨
호감 가는 상대에게 공원에서 만나자고 청해 보세요.

피크닉을 꼭 공원에서 즐길 필요는 없어요.
치즈가 흘러내리는 커다란 피자 한 조각을 사서 현관 계단에 앉아
먹어 보세요.
작은 테이블을 거실 창가로 옮기고,
파리의 노천카페에서 바게트와 커피를 즐기고 있다고 상상해 보세
요.
눈을 감으면 나는 어느새 파리지앵, 입꼬리가 절로 올라가지요.

갈색 종이봉투에 식빵 테두리를 잘라 낸 땅콩버터 샌드위치와
주스를 담아 가까운 호수나 해변에 가 보세요.
해가 뉘엿뉘엿 질 무렵 포장해 온 음식을 옥상에서 먹어 보고,
해변에서 사 온 아이스크림콘을 부둣가에서 즐겨 보세요.

차와 함께 제공되는 가벼운 샌드위치를 작은 모양으로 잘라
좋아하는 녹지 공간에서 지나가는 사람들을 구경하면서 가족들과
함께 사이좋게 나눠 먹어 보세요.

우울해서 빵을 샀어

머리카락도 꼭꼭 감춰줄
나만의 숨은 공간

─────── 어느 레스토랑을 가든 꼭 발견할 수 있는
자리가 있습니다.

사람들에게서 약간 떨어져 잘 보이지 않는 숨은 공간

숨은 공간은 고유한 나만의 공간입니다.
마치 세상 속 또 다른 세상에 와 있는 것 같은 느낌이랄까.

내가 가장 좋아하는 자리는 샌프란시스코에 간 첫날 밤에
친구들과 우연히 발견한 허름한 술집에 있었습니다.

어두운 조명에 정겨운 주크박스, 넥타이 부대들로 북적거리는 별
볼 일 없는 술집이었지만 숨은 공간만큼은 놀랍도록 멋졌던 기억
이 나네요.

우리는 가죽 의자에서 슬쩍 미끄러지듯 움직여 자리를 옮기고
가짜 화초 뒤에 숨어 우리만의 세계로 사라지곤 했습니다.

숨은 공간을 찾으세요.

테이블 위에 양초나 꽃이 있으면 더 바랄 것이 없겠지요.
의자에 다리를 올리고 딱딱한 벽에 몸을 기대 보세요.

진정한 로맨스는 내가 있는 곳에서
더 깊이 휴식을 취할 때 이루어집니다.

우울해서 빵을 샀어

나의 두 번째 일상복, 파자마

'파자마'는 편안함, 여유, 휴식,
오래된 로맨스를 떠올리게 합니다.

우리는 일상복에는 많은 돈을 쓰지만, 잠옷에는 별다른 신경을
쓰지 않는 경우가 많습니다. 침대에서 보내는 시간이 상당한데도
말이죠.
영화와 TV에서 영감을 받아 보세요.

〈스카페이스〉에서 미셸 파이퍼가 걸치고 있던 새틴 슬립
〈홍콩에서 온 백작부인〉에서 소피아 로렌이 입었던
밝은 노란색 잠옷 세트는 어떤가요?
〈멋진 인생〉에서 도나 리드가 근사하게 소화한
사랑스러운 테리 직물 로브나
〈더 골든 걸스〉의 주인공들이 파스텔 색상 로브와 잠옷을 입고
소파에 앉아 있는 모습을 떠올려 보세요.

계절이나 기분, 또는 그날의 의도에 따라 잠옷을 바꿔 입어 보세요.

몸을 완전히 감쌀 정도로 커다랗고 긴 플란넬 잠옷을 입어 봅니다.

체크 무늬 반바지와 상의 세트를 맞춰 입고 돌아다니세요.

왕족에게 어울릴법한 로브를 걸치고 호화로운 분위기를
연출해 보세요.

골동품 가게에서 빈티지 슬립을 찾아 예쁜 색상으로 염색해 봅니다.

대담한 소매, 우아한 주름 장식, 화려한 안대, 보송보송한 천으로
다양한 시도를 해 보세요.

파자마 파티에 친구들을 초대해 보세요.

잠옷 차림이 정말 귀여워 보일 거예요.

무서운 영화를 보고, 옛날이야기를 들려주세요.

침낭을 바닥에 깔고 앉아 돌아가며 서로의 잠옷을 칭찬하면서
재미있는 시간을 보내세요.

우울해서 빵을 샀어

도서관에서 1920년대 파리의
크루아상을 음미하다

'도서관'은 우리 모두에게 인류의 등대와
같은 곳입니다. 책을 펼치면 과거와 현재의
위대한 지성들과 언제든 소통할 수 있어요.

읽고, 또 읽고, 계속 읽으세요.
온종일 별빛 너머로 상상의 나래를 펼치세요.

> 서가를 둘러보며
> 1920년대 파리,
> 1940년대 영국 시골,
> 1970년대 록 콘서트 등 저 머나먼 곳으로 여행을 떠나 보세요.

인생에서 무엇을 해야 할지 막막하다면 도서관을 찾아가 도움을
구해 보세요.
책장 속 어딘가에 당신이 찾는 정확한 답이 있을지도 모릅니다.
도서관 여기저기를 돌아다니면서 마음에 드는 책을 골라 펼친 뒤
눈에 띄는 문구가 있으면 당신의 상황에 적용해 보세요.

빔 벤더스 감독의 영화 〈욕망의 날개〉를 보면
천사들이 도서관에서 시간을 보내는 장면이 자주 나온답니다.

직접 두 눈으로 확인해 보시길.

도서관은 우리에게 변치 않는 발견과 경이로움의 설렘을 선사하며, 고전적인 로맨스를 계속 이어 붙입니다.

옷을 멋들어지게 차려입고 책을 보러 가세요.
대도시에 있다면 한 번도 가 본 적 없는 도서관으로 발길을
돌려 보세요.
아이를 데리고 동화구연에 참석해 보는 것도 아주 좋아요.
미술 수업에 등록해 보세요.
전시물을 눈여겨보고, 사서들이 추천하는 책을 살펴보세요.
그들의 선택을 믿고 책 속에 빠져들어 보세요.
아늑한 구석에 웅크리고 앉아 사람들을 구경하는 재미도
쏠쏠하지요.

모든 사람은 도서관에서 삶의 풍요로움과 즐거움을
더 깊이 느낄 수 있습니다.

너에게 또는 나에게
위로가 되는 귀 기울임

내 말에 진심으로 귀 기울여주는 사람을
만나는 것만큼 로맨틱한 일이 있을까요?

남들에게 인정받으려면 목소리가 크고, 돈도 많고, 예쁘고,
재미있어야 한다고 생각하지만,
자기 이야기에만 열을 올리는 세상에서 가장 눈에 띄는 사람은
바로 '경청하는 사람'입니다.

누군가가 나에게 궁금한 것을 물어보고 내 생각을 이해하려고 노력하는 모습을 본다면 얼마나 로맨틱할까요? 이런 사람들은 정말 소중합니다.

다른 사람이 와서 말할 때는 문제를 해결하려 하거나,
충고하거나, 대화를 주도하려 들지 말고 경청하는 연습을 하세요.

그저 상대방의 말을 받아들이세요.
누군가의 이야기를 들어주면 그가 위로받는 것 못지않게
내 마음도 편안해지는 걸 느낄 수 있습니다.

이런 자세를 몸에 익히면 누가 진심으로 경청하는지 알게 되고,
완전히 새로워진 시선으로 그들을 더 소중히 대하게 될 것입니다.

몸을 기울이고, 시선을 맞추고, 편안한 표정으로 다가오는 상대는
늘 어떤 말이든 털어놓게 만듭니다.

우울해서 빵을 샀어

괴성을 질러도 박수를 받는 곳,
알고 있니?

───────── 인간의 아주 멋진 점 중 하나는
서로를 끊임없이 즐겁게 해 준다는 것입니다.

사람들은 멋진 쇼를 좋아합니다.
때로는 멋진 의상들의 향연이, 또 때로는 흥겨운 춤이 펼쳐지기도
하지요.
아울러 관중들의 에너지는 서로에게 쨍한 행복감을 채워주고
우리 모두를 따뜻하게 품어 주지요.

모든 이에게 소속감을 안겨주는 라이브 공연은
그야말로 영혼을 위한 감정의 롤러코스터와 같습니다.
감정의 모든 스펙트럼을 경험하게 해 주고,
우리를 더 생동감 있게 만들어 주지요.

라이브 공연은 사람을 하나로 모으고
사람들의 로맨틱한 면을 드러내는 가장 강력한 방법입니다.
우리는 한데 모여 각자 작은 부분을 보태며, 마법 같은 순간을 함께
만들어 가고 창조합니다.

신나게 춤추고,

흔들고,

웃고,

소리를 질러대고,

손뼉을 치고,

울기도 하지요.

또 그 모든 순간을 담아내려 휴대전화를 하늘 높이 들어 올립니다.

지역 문화 회관에서 연극을 관람해 보세요.

오페라를 보러 가세요.

팝스타의 대형 경기장 콘서트에서 수만 명의 팬 중 한 명이 되어 보세요.

친밀한 공연장을 찾아 한 번도 들어 본 적 없는 인디음악 공연을 관람해 보는 건 어때요?

부모님과 함께 오케스트라단의 공연을 감상하러 가 보세요.

재즈 클럽에서 마티니를 마시며 밤을 보내 보세요.

강렬한 햇빛 아래, 맥주가 목에 착착 감기는 뜨거운 여름에 음악 페스티벌에 참석해 보세요.

낮 시간대 발레 공연을 예매하고 특별한 날을 위해 예쁘게 차려입은 객석의 어린 소녀들을 감상해 보세요.

고등학생들이 연기하는 〈오즈의 마법사〉를 감상해 보세요.

색다른 즐거움을 발견할 수도 있어요.

우울해서 빵을 샀어

라이브 공연은 편집되지 않은 진솔한 순간순간이 펼쳐집니다.
낯선 사람들이 힘을 합쳐 순간을 예술로 승화시키는,
우리 모두를 하나로 모으는 공동의 노력이
바로 라이브 공연입니다.

당신이 가장 좋아하는
집으로 가는 길은 무엇입니까?

누구나 좋아하는
드라이브 코스가 있습니다.

최고의 드라이브 코스를 달릴 때 우리는 목적지까지 가는 여정이
너무나 아름답기에,
시간이 더 걸리더라도 전혀 신경 쓰지 않아요.

아버지가 가장 좋아하는 드라이브 코스는 구불구불한 미시간 시골
도로입니다.
길을 달리다 보면 말이며 소, 또는 미시간주 특유의 붉은색 헛간을
볼 수 있어요.
이따금 야생 칠면조를 발견하기도 하고, 사슴도 거의 매번 나타납
니다.
이게 다가 아닙니다.
고목 사이로 굽이굽이 이어진 길은 다양한 풍경을 펼쳐 놓습니다.

가을이면 빨강, 노랑, 주황색으로 물든 나뭇잎이 찬란하게 빛나고,
겨울이 오면 앙상한 나뭇가지가 얼음으로 반짝거리죠.
봄에는 새 생명이 움트고,

여름에 창문을 내리면 싱그러운 꽃향기와
풋풋한 풀 냄새를 맡을 수 있어요.

당신이 가장 좋아하는 길로 드라이브를 떠나 보세요.
아침 일찍 출발하거나, 해 질 녘이 좋겠습니다.
그 길을 달릴 때 내 모습이 어땠나요?
예전의 모습 하나하나를 되새김질해 보세요.
내가 사는 도시의 새로운 길을 탐험해 보세요.
멋진 전망대로 이어지거나,
롤러코스터처럼 위로 아래로 오르락내리락하는 길을 찾게 될 수도
있습니다.
멀리 떨어져 사는 친구에게 편지로 내 눈을 사로잡는
모든 풍경을 들려주고 있다고 상상해 보세요.

우울해서 빵을 샀어

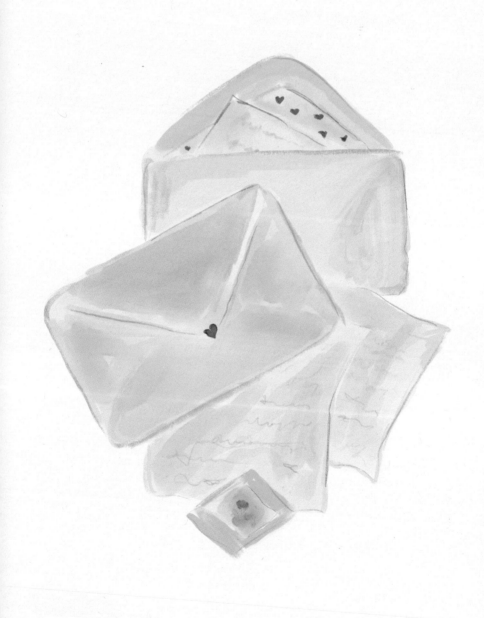

즐거움이 폭발하는
수취인불명의 쪽지

어딘가에 사랑의 '쪽지'를 남기면
세상은 더욱 로맨틱한 곳이 됩니다.

나 자신에게 쪽지를 써 보세요.
욕실 거울에 메모를 남겨 보세요.
행복한 기억을 적으세요.

자기 전에 읽을 수 있도록 침대 옆 작은 탁자에 메모를 붙여
보세요.
소중한 사람에게 진심이 담긴 사랑의 편지를 쓰세요.
사랑하는 사람의 도시락 안에 사랑의 쪽지를 넣어 두거나
차 안에 몰래 숨겨 두세요.
존경과 사랑을 표현하는 데 부끄러워하지 마세요.
좋아하는 추억을 함께 나누세요.
당신의 애정을 진솔하게 드러내 보세요.

혼자 산다면, 그저 누군가를 생각하고
그 사람이 알아주었으면 하는 마음으로 카드를 보내세요.
마지막으로 세상을 향해 사랑의 메시지를 전하세요.

바위에 메시지를 써서 잘 보이는 곳에 붙여요.
도서관 책 안에 사랑의 쪽지를 끼워 넣어 보세요.
기내 편의용품 파우치에 따뜻한 감정이나 생각을 담아 보세요.
보도에 분필로 메시지를 써 보세요.
누군가 그 메시지가 필요한 순간에 발견하게 될 거예요.

당신의 감성에 어울리지 않는 복잡하거나 완벽한 표현,
또는 시적인 표현을 쓰려고 애쓰지 않아도 괜찮아요.
어떤 형태의 편지든 받는 사람에게는 항상 뜻밖의 기쁨을
안겨 주니까요.

우울해서 빵을 샀어

새로운 길로 안내할
로맨틱한 밤의 음악

———————— 밤에 차 안에서 음악을 듣고 있노라면
모든 노래가 나만을 위해 만들어진 것처럼
느껴집니다.

스물네 살 때 나는 가장 친한 친구와 함께 뉴욕을 방문한 적이 있었
습니다.
시카고에서 온 잡지사 에디터인 동시에 젊고 철이 없었던 우리는
패션 위크 기간에는 패션지 에디터답게 이동할 때마다 택시 서비
스를 이용해야 한다고 생각했습니다.
그런데 운전기사의 CD에는 단 한 곡의 노래만 담겨 있었는지 같은
노래가 연거푸 흘러나왔습니다.
그 노래는 에니그마Enigma의 〈Return to Innocence〉였어요.
패션쇼에 대한 기억은 희미해졌지만, 그날 밤 차 뒷좌석에서 몸을
흔들며 도시의 경쾌하고 환한 불빛에 둘러싸여 그 노래를 들었던
기억만큼은 여전히 또렷합니다.

밤에 차 안에서 음악을 들으면 종종 실제 여정의 목적보다는
그 여정에서 느끼는 감정이 더없이 소중함을 깨닫게 됩니다.
공유 차량에 올라탔을 때 흘러나오는 노래의 가사나 분위기를
당신의 상황에 맞추어 해석해 보는 건 어때요?

147

여름에는 열일곱 살 때 들었던 내 인생 최고의
사운드트랙을 즐기면서 해변으로 드라이브를 떠나 보세요.
병원 진료를 마치고 집으로 돌아오는 길에는
클래식 음악을 틀거나, 사람들이 전화를 걸어
서로에게 사랑 노래를 바치는 라디오 쇼를 들어 보세요.
80년대 감성의 다소 느끼하고 감미로운 사랑 노래를
크게 틀어 놓고 빠르게 달려 보세요.

컨트리 음악에 몸을 맡기고 이면 도로를 질주해 볼까요?
밤에 차 안에서 음악을 듣는 모든 순간을,
로맨스를 경험해 볼 기회로 삼아 보세요.

우울해서 빵을 샀어

그날, 그 시간,
그때의 향으로 떠나는 향수의 여정

'향수'는 요술처럼 찰나의 감정을 포착하여
원할 때마다 그 감정을 되살릴 수 있게 해 줍니다.
우리는 모두 한평생 다양한 향기와
사랑에 빠집니다.

나는 어렸을 때 뉴트로지나의 투명한 오렌지색 비누를 시작으로
갭의 헤븐Heaven과 드림Dream, 랄프 로렌의 로맨스Romance
여러 가지 향을 시도해 보았습니다.
고등학교 2학년 때는 친구들과 '남자아이들이 도넛 향을 좋아한다'
는 이야기를 듣고, 달콤한 빵 냄새를 풍기기 위해 바닐라 케이크 배
터Vanilla Cake Batter를 몸에 뿌렸어요.

나는 여전히 나만의 시그니처 향기를 찾고 있습니다.
자신만의 고유한 향기는 누군가의 흔적처럼 당신이 주변에 없을
때도 사람들이 당신과 연결되어 있다고 느끼게 해 줄 것입니다.

사랑하는 사람의 향기가 배어 있는 스웨터를 입고 몸을 감싸거나,
옛 연인의 향수 냄새를 맡으면 과거로 돌아간 듯한
기분이 느껴지지 않나요?

향수는 옷과 마찬가지로 예술의 한 형태입니다.

우리가 누구인지를 알려 줄 뿐만 아니라 어떤 사람이 되고 싶은지
도 표현해 줄 수 있어요.

창의적인 프로젝트나 일을 시작할 때마다 자기 자신에게 특별한
향수를 선물해 보세요.

휴가를 떠날 때마다 새로운 향수를 사보세요.

결혼식이나 은퇴와 같은 중요한 기념일을 축하하는 선물로 친구들
에게 향수를 선물해 보세요. 그 향기를 맡을 때마다 절로 그 순간이
떠오를 거예요.

향수는 상상력을 자극하고 마음을 여는 만능열쇠로,

로맨틱한 순간에서는 빠질 수 없지만,

종종 잊고 지내는 중요한 요소입니다.

우울해서 빵을 샀어

시간이 지날수록
더 진해지는 우리의 찰나

'사진'은 우리에게 삶의 깊이와
로맨스를 느낄 기회를 제공합니다.

팬데믹 기간에 부모님은 작정을 하고 저장된 모든 사진을
정리했습니다.
줄잡아 일주일 정도 걸렸지만, 어머니는 그 과정에서
엄청난 기쁨과 감사함을 느꼈다고 말했습니다.
또한 아버지와 함께 추억을 다시금 되새겨 볼 수 있어서
행복했다고 말했지요.
인생이 늘 무미건조하고 그다지 특별한 일도 없는 것처럼 느껴지
지만, 뒤돌아보니 정말 많은 일을 경험했다는 걸 새삼 깨닫게 된다
고 말했습니다.

당신의 삶의 기록을 찾아보세요.
6살, 16살, 26살 때 찍었던 사진을 찾아보세요.
그때 그 장소, 그 시간, 나와 함께 했던 사람을 기억해 보세요.
그 시기에 좋아했던 음악을 틀어놓는 것도 추억을 불러오는
주문이 됩니다.
친구를 초대해 함께 추억을 공유해도 좋아요.

같은 경험을 저마다 어떤 시각으로 바라보는지
서로 비교해 보면서 도란도란 이야기를 나눠 보세요.

비밀 요원처럼 은밀한 순간을 포착해 보세요.
사랑하는 사람들일수록 모든 일상이 나에게 특별한 경험이 됩니다.
필름을 현상하고 특별한 지갑에 넣어 어디를 가든 사진을 가지고
다니세요.

사진은 사람들 사이의 친밀함과 특정 시간의 본질을 담습니다.
로맨스는 한순간이지만, 우리는 기록하고 싶은 순간을 통해
그 감정과 느낌을 되살릴 수 있습니다.

　　색이 바랜 사진은 또 다른 멋스러움이 있습니다.
　　부모님의 사진을 간직하는 것도 좋습니다.
　　조금은 촌스러워 보이는 헤어와 옷들이지만,
　　어머니는 당시 가장 멋을 낸 모습이었겠죠.
　　사진은 귀한 것이었고, 단 하나의 찰나만 간직하니까
　　그 시절, 가장 최고의 순간이 담겨 있습니다.

우울해서 빵을 샀어

지상 최대의 보물찾기 할 사람!

미시간에는 농장이 많습니다.
수확 철인 여름이면 직접 과일을 따러 나가는
사람들을 쉽게 찾아볼 수 있지요.

가장 먼저 딸기, 체리, 블루베리를 수확합니다.
그 후로는 라즈베리, 블랙베리, 배, 사과를 수확하는 손길이
바빠집니다.

과수원은 또 다른 세계로 가는 다리와 같습니다.
그곳에서는 잘 익은 보물을 찾는 일이 지상 최대의 과제가 됩니다.

게다가 과일을 따러 갈 때는 많은 것이 필요하지 않아요.
햇볕을 가려 주는 모자와 허리에 야무지게 찬 플라스틱 양동이만
있으면 그만이죠.
과수원에서 사람 구경만큼 재미난 것도 없겠군요.
미로 속을 이리저리 뛰노는 아이들,
서로 언성을 높이는 노부부,
아이들을 챙기느라 한시도 마음을 놓지 못하는 부모
사람들이 참 제각각입니다.
가끔은 꿀벌이 귓전에 대고 윙윙거리거나 잠자리가 씽하며 날아가

는 소리도 들을 수 있어요.
공기는 신선하고 개운하지요.

주변에서 자라는 작물을 찾아보고 직접 경험해 볼 계획을
세워 보세요.
햇볕이 잘 드는 아침이 과일을 따기에 가장 좋은 시간입니다.
몇 시간 정도 과일을 따면서 풋풋한 그 향에 온몸을 적셔보세요.

집으로 돌아온 후 내가 직접 수확한 과일들로 특별한 시간을
가져 보는 건 어떨까요?
상단 크러스트를 멋지게 장식한 블루베리 파이를 구워 보세요.
딸기를 얼려 갈아 만든 아이스바를 이웃 아이들에게 나눠 주세요.
베란다에서 차가운 체리 한 그릇을 똑똑 따먹으면 꿀맛이겠죠.

농장이나 과수원을 방문할 수 없다면 근처 시장을 찾아보세요.
그곳에서도 품질이 우수한 과일을 손에 넣을 수 있을 거예요.
나는 대도시에 살 때 매일 식료품점에 갔습니다.
기분이 울적할 때는 과일을 가득 담았죠.
납작 복숭아, 천도복숭아, 감귤, 살구, 귀여운 산딸기 한 바구니.
집에 돌아와서 창문 턱에 과일을 죽 늘어놓으면 세상을 다 가진 것
처럼 행복했습니다.

그 달콤하고 평화로운 순간에는 모든 일이 다 이루어질 것만 같습
니다.

　　　　　　　　　　　　　우울해서 빵을 샀어

내가 그린
마음속 그림 같은 그림책

———————————— '그림책'은 우리에게 로맨틱한 시각으로
세상을 바라볼 수 있도록 영감을 줍니다.

그림책만큼 평범한 것을 특별하게 만들어 주는 것도 없을 거예요.
그림책은 어린이뿐만 아니라 모두를 위한 책입니다.
간단한 글과 삽화는 평범한 순간을 더 매혹적이고 잊을 수 없는
순간으로 바꿔 줘요.
웅덩이에서 물놀이하기,
할아버지와 함께한 해변에서의 하루,
커다란 가지를 드리우며 우리를 지켜봐 준 나무처럼 말이죠.
이야기 속 보라색 크레파스, 숨겨진 옷장, 오래된 책, 전신 거울처
럼 평범한 물건은 초능력을 얻지요.

특히 세상살이에 지친 날에는 서점을 방문해 보세요.
곧장 어린이 코너로 가서 마음에 드는 그림책을 집어 들어요.
어린아이처럼 바닥에 철퍼덕 앉아 책을 읽으세요.
아늑한 빈백이나 아무도 찾지 못하는 한적한 구석이 있다면
더욱 좋겠지요.
몇 권이라도 좋아요. 온종일 기묘한 이야기 속으로 빠져들고,

163

환상적인 그림을 감상하며 시간을 보냅니다.

이따금 친구나 연인 또는 가족을 데리고 가서 서로 돌아가며
그림책을 읽어 주는 것도 특별한 기억으로 남을 거예요.
그러다 현실로 돌아오면 모든 것이 더 선명해질 것입니다.
좌절은 흥미로운 감정으로 변하고, 불안이 영감으로 바뀔 수도
있어요.

다시 일상으로 돌아온 후에는 누군가의 밝은 주황색 선글라스,
분홍색 진저브레드 하우스*처럼 생긴 독특한 구조의 집,
삼색 얼룩 고양이 등 세세한 부분에 주의를 기울여 보세요.
관찰을 통해 발견한 것들로 이야기를 만들어 보세요.
제목을 떠올려 보고, 새로운 단어를 만들고,
머릿속에 삽화를 그려 봅니다.
하늘을 묘사하는 36가지 방법을 생각해 보세요.
스토리텔링을 통해 우리는 다시 세상과의 로맨스를 발견할 수 있
습니다.

---

* 진저브레드 하우스(Gingerbread house)_ 동화 〈헨젤과 그레텔〉에 나오는 과자의 집.

오늘 하루도 무사함을 감사히, 필로우 초콜릿

'필로우 초콜릿'은 로맨스의 상징인 영화 배우 캐리 그랜트를 기리기 위해 시작되었습니다.

연인의 마음을 사로잡기 위해,
그랜트는 펜트하우스 스위트룸의 거실에서 침실을 거쳐
베개까지 이어지는 길에 초콜릿을 흩뿌렸습니다.

이 일화를 전해 들은 당직 호텔 매니저는 이후 매일 저녁 침구 정돈
시 손님의 베개 위에 작은 초콜릿을 놓기 시작했는데,
다른 호텔들도 이 관행을 따라 하면서 일종의 전통이 되었지요.
이것이 바로 필로우 초콜릿의 시작입니다.

오늘 하루도 무사히 잘 마친 것을 축하하는 의미에서 베개 위에 작
은 간식을 올려놓으세요. 초콜릿을 좋아하지 않는다면 달콤한 곰
젤리, 말린 과일 한 조각, 현지에서 재배한 무화과, 촉촉한 쿠키,
어릴 적 좋아했던 막대 사탕 등 작은 간식을 준비해 보세요.

필로우 초콜릿은 호텔 숙박의 매력을 느끼게 해 줍니다.
집에서도 손쉽게 로맨틱한 분위기를 연출하는 방법이기도 합니다.

자기 전 달콤한 순간은 아마 달콤한 꿈을 꾸기 위한 수면제가
될 지도 모릅니다.

그 꿈속에서는 아마도 내가 상상하던 이상형이 나올지도 모르겠네
요.
그 꿈을 다음 날에도 이어가기 위해 나는 또 베개 위에
초콜릿을 놓아둡니다.

우울해서 빵을 샀어

아무에게도 하지 못했던 그 말,
필로우 토크

———————————— '침대에서 나누는 대화'는
다른 곳에서 이루어지는 대화보다
더 감성적입니다.

이불 속에 들어가면 긴장이 스르르 녹아 저 깊이 묻어두었던 생각
을 터놓을 수 있습니다.
일상의 압박과 가식적인 모습에서 벗어나 나의 진정한 모습으로
돌아가는 겁니다.

침대에서 우리는 대화를 나누며 그저 오롯이 함께 있는 순간을
경험할 수 있습니다.
떠오르는 건 뭐든 말하세요.
그 어느 때보다 더 깊은 대화를 나눌 수 있습니다.
필로우 토크는 연인이 아닌 누구와도 나눌 수 있습니다.

혼자라면 침대에 누워 친구에게 전화를 걸어 보세요.
다음 질문 중 하나로 시작해 보세요.

세상 가장 달달하다고 생각한 영화가 뭐야?
어떤 하늘이 가장 끌려?

로맨스에 대한 고정관념이 있어?

다음에 경험해 보고 싶은 로맨스가 있어?

세상에서 가장 끌리는 장소는 어디지?

어린 시절에 읽은 책 중 가장 깊은 인상을 남긴 책은 뭐야?

뜬금없이 성적 매력이 느껴지는 게 있어?

계속 반복되는 꿈을 꾼 적이 있어?

네가 생각하는 완벽하게 로맨틱한 저녁은 뭐야?

그 어느 때보다 솔직한 답변을 듣는 순간이 바로 필로우 토크입니다.

평범한 일상을 특별하게 만드는
시적 언어

──────────────────── '시적 언어'는 치유제와 같은 역할을 합니다.

살다 보면 말로는 도저히 표현할 수 없는 감정이나 느낌이 있습니다.

그런 순간에 공감을 불러일으키는 노래나 시를 들으면 외로움이 순식간에 해소되기도 합니다.

잠자리에 들기 전, 이른 아침, 불안이 몰려오는 일요일 밤처럼 감정적으로 가장 예민한 시간에 시를 읽어 보세요.

시를 자주 읽다 보면 얼마나 마음이 부드러워지고, 꿈이 다채로워지며, 마음이 열리는지 느낄 수 있습니다. 얼마 지나지 않아 일상적인 경험에 깊이 공감하게 될 거예요.

아침 시리얼에서 은유를 발견하게 될 테고,
해바라기 씨앗의 경이로움에 감탄하게 되거나,
길을 걷다가 라벤더를 꺾어 그 향기를 즐기게 될 거예요.

시를 읽거나 들으면 주변 사람들을 따듯한 시선으로 바라보게 됩니다.

누구나 자신의 개성을 인정받고 싶어 합니다.

시적 표현에 몰입하면 바로 이러한 욕구를 충족시킬 수 있는 수단을 갖게 되는 것입니다.

'시어詩語'는 평범한 것을 비범한 것으로 변화시킵니다.

적절한 순간에 마음에 울림을 주는 말은
깊은 깨달음으로 우리를 진정 살아 있는 상태로 이끌어 주고,
이를 통해 단순히 삶을 개선하는 데 집중하는 것이 아니라
현재의 순간을 충만하게 느끼고 경험하는 것이 얼마나 중요한지를
깨닫도록 합니다.

우울해서 빵을 샀어

내게 허용된 무한한 일탈,
자동차 여행

'자동차 여행'은 일상에서 벗어나
현재의 순간에 몰입할 수 있도록 합니다.
거리는 중요하지 않습니다.
여행은 자유에 관한 것이니까요.

탁 트인 도로로 나가 보세요.
익숙한 것에서 벗어나 예상치 못한 것을 경험할 기회를
만들어 보세요.
자동차로 여러 지역을 여행해 보세요.
하루 동안 도시를 벗어나세요.
지도에서 낯설게 느껴질 만큼 멀리 떨어진 곳을 선택합니다.
어린 시절을 떠올리게 하는 곳으로 가서
그 시절 느꼈던 경이로움을 다시 느낄 수 있는지 확인해 보세요.

가족이나 오랜 친구와 함께 떠나도 좋고, 혼자서 떠나도 괜찮아요.
오토바이 뒤에 올라타세요.
조수석에 앉으세요.
뒷좌석에 탑승합니다.
창문을 내리고 좋아하는 노래를 들어 보세요.
주유소에 들러 좋아하는 간식을 사서 먹어 보세요.
들어본 적 없는 기발한 장소를 가 보세요.

그냥 이름이 재미있어서라는 이유만으로도 괜찮습니다.

지역의 중심가를 거닐어 보세요.
중고품 가게와 현지 식당을 방문해 봐도 좋습니다.
휴게소에서 도넛을 먹어 보고, 그저 그런 밍밍한 커피도 한 모금 들
이켜 보세요.
라디오에서 흘러나오는 옛 노래를 따라 불러 보고, 유령의 집과 신
화에 관한 이야기보따리를 풀어 놓는 팟캐스트도 들어보세요.

목적지에 도착하면 하고 싶은 일을 전부 다 이야기해 보세요.
기억에 남을만한 도로 여행은 어떤 걸까요?
목적지는 정해져 있지만, 그곳까지 가는 길은 알 수 없습니다.
모든 로맨스가 그렇듯,
진짜 중요한 이야기는 그 여정 중에 경험하는
모든 이야기에 얽힌 것이니까요.

　　　　　　　　　우울해서 빵을 샀어

Stairway to Heaven, 옥상

———————————— '옥상'은 우리를 별에 더 가까이 데려다줍니다.

도시에 살 때는 마당이 없어서 자유롭게 즐길 공간이 없었습니다.
그렇긴 해도 상상의 나래를 마음껏 펼칠 수 있게 해 준 옥상이
있었지요.
옥상에 있으면 보다 높은 위치에서 주변 소음과는 멀어지고,
그 풍경의 일부가 될 수 있어요.
옥상은 우리를 더 깊은 자아와 연결해 줍니다.

어디든 옥상에 앉아 보세요.
평소에는 잘 드러내지 않는 감정이나 진지한 생각을
이야기해 보세요,
우주와 여행 이야기를 들려주고, 멋진 아이디어를 공유하세요.
담요를 깔고 누워 연인이나 친구에게 사랑의 편지를 써 보세요.

옥상에서 식사해 보세요.
가부좌를 틀고 앉아 옆에는 포도주잔을 내려놓고요.
음악을 틀고 즉흥 댄스파티를 열어 보면 어떨까요?

시간을 정해 누군가를 옥상으로 초대하세요.
책을 가져와 멀리서 들리는 사이렌 소리와
도로 교통 소음을 배경 삼아 조용히 책을 읽어 보세요.
추리소설을 읽고 있다면 주변의 소음으로
나는 책 속의 주인공이 되기도 합니다.

타로를 꺼내 당신을 위해, 또는 곁에 있는 친구를 위해
점을 쳐 보세요.
체스 게임을 즐겨보세요.
출근 전에 옥상에서 요가를 연습하고요.
당신에게 의미 있는 가사가 담긴 노래를 연주하거나 틀어놓고,
그 진동이 하늘, 도시, 세상으로 퍼져 나가는 상상을 해 보세요.

우울해서 빵을 샀어

네 개의 원더랜드가 있는 곳에 산다는 건

내가 사는 곳에 '사계절'이 있다는 건
네 개의 완전히 다른 세상에서 사는 것 같습니다.
매일 같은 길을 운전해도 항상
새로운 풍경이 펼쳐지죠.

가을은 변함없이 사랑스러운 계절입니다.
화려한 색으로 물든 나뭇잎과 신비로운 달빛이 흐르는 밤은
고혹적이죠.
모든 것을 얼어붙은 원더랜드로 바꾸어 놓는 겨울은
심지어 나무에 매달아 놓은 조악한 사과 모양의 펜던트조차
유리구슬처럼 보이게 합니다.
새 생명이 움트는 봄이 오면 거리와 보도는 섬세한 꽃잎으로
뒤덮이죠.
잠시 후, 녹음이 우거진 나무 사이로 밝은 햇살과 싱그러운 풀 냄새
가 진동하는 여름이 찾아와요.

어렸을 때는 사계절을 좋아했는데, 나이가 들면서 우선순위가 바
뀌는 바람에 계절의 변화가 뚜렷하지 않은 곳으로 이사하게 되었
지요.
그러다가 최근에야 다시 자연과 조화를 이루며 살기 시작했습니다.
계절마다 나만의 특별한 방식으로 나 자신에게 로맨스를 선사하려

187

고 더 세심한 주의를 기울이고 있습니다.

'걷기'는 계절과 소통하며 로맨스를 즐길 수 있는 한 가지 방법입니다.
좋아하는 공원으로 가도 좋고, 동네를 산책해도 좋습니다.
하늘과 공기 속에 스민 냄새를 관찰하세요.
어디에 살든 하늘은 매일매일이 새롭습니다.
주변의 나무와 꽃을 둘러보세요.
그리고 시간의 흐름을 기념하기 위해 집을 어떻게 장식했는지
살펴보세요.

하루 중 다양한 시간대에 산책을 즐겨 보세요.
12월의 늦은 밤에는 차가운 공기가 피부에 닿는 느낌이나
소나무와 장작불 타는 냄새를 느껴 보거나,
7월에는 머리를 감고 나서 아직 물기가 남아 있는 젖은 머리를 축
늘어뜨린 채, 어스름 노을이 지기 시작할 해 질 녘에 산책을 즐겨
보세요.

각 계절은 저마다 다른 감정을 상징합니다.
가을의 풍요로움,
겨울의 안식,
봄의 소생,
그리고 여름의 자유.

우울해서 빵을 샀어

계절의 변화를 느껴 볼 시간을 갖는다면
이 모든 로맨스의 순환을 기념할 수 있습니다.

작은 것에도 감사할 수 있는
아주 작은 접시

'작은 접시' 하나가 큰 기쁨을
가져다줄 수 있습니다.

얼굴에 미소를 짓게 하는 접시를 찾는 것부터 시작하세요.

좋아하는 도예가의 작품을 찾거나 온라인에서 빈티지 접시를

찾아보세요.

작은 접시가 특정 스타일이나 분위기에 맞지 않을까 봐 걱정하지

않아도 됩니다.

나를 행복하게 해 준다면 뭐든 완벽한 접시입니다.

작은 접시에 좋아하는 음식으로만 채워 보세요.

마음에 드는 조합을 찾을 때까지 다양하게 시도해 보세요.

아버지는 땅콩버터를 바른 정삼각형 모양의 토스트와 사과 슬라이

스를 아주 좋아하세요.

옛 남자 친구는 피클, 소금에 절인 양배추, 크래커, 말린 무화과를

무척 좋아했어요.

저는 다양하게 조합해 먹는 걸 즐깁니다.

초콜릿 칩 스콘,
웨이퍼와 말린 크랜베리를 곁들인 브리치즈,
달걀과 과일, 베이글 반쪽 등을 한 접시에 가득 담아요.

하루 중 가장 지루한 시간에 작은 접시에 먹고 싶은 것을 양껏 담아
마음껏 즐겨 보세요.
우울하거나 지루할 때, 또는 불안한 감정을 느낄 때 부엌에 가서 작
은 접시를 꺼냅니다.
좋아하는 접시를 좋아하는 간식으로 채워 집 안의 조용한 공간에
가져가면 나름 로맨틱한 감성을 경험할 수 있습니다.

마치 보물처럼 귀한 음식을 음미하면서 자족하는
행복한 꼬마 쥐처럼 말이죠.

우울해서 빵을 샀어

네루다의 우편배달부가
내게도 찾아올까?

———————— '손 편지'는 편지를 쓰는 사람의 시간과 인내,
노력이 들어가기에 오래도록 기억에 남습니다.

어려서 편지 쓰기에 심취한 나머지 누구에게나 편지를 썼던 적이
있습니다.
영화 〈로빈 후드: 도둑들의 왕자〉에서 영감을 받아 편지를 왁스로
봉인하기도 했었죠.
매일 우편물을 확인하면서 얼마나 설렜는지 모릅니다.
누군가가 답장을 보내 주면 뛸 듯이 기뻤고요.

요즘에는 많은 소통이 문자와 이모티콘,
하루 만에 사라지는 별 가치 없는 내용으로 단순화되고 있습니다.
생각이 이토록 쉽게 전송되고, 또 쉽게 사라질 수 있는 상황에서는
그 어떤 것도 의미가 없는 것처럼 느껴집니다.
오후에 시간을 내어 당신에게 영감을 불어넣어 줄 유명한 서신 모
음집을 탐독해 보세요.

프란츠 카프카의 〈밀레나에게 보내는 편지〉,
아나이스 닌과 헨리 밀러가 주고받은 연애편지,

블라디미르 나보코프의 〈베라에게 보내는 편지 Letters to Véra〉등을 읽어 보세요.

유명한 작가가 아니어도 의미 있는 손 편지를 작성할 수 있습니다.

누구에게나 손 편지는 로맨틱합니다.
누군가가 시간을 들여 책상에 반듯이 앉아 고운 편지지에
자기 생각을 차분히 적어 나갑니다.
다 적은 편지를 몇 번이고 읽은 뒤
내 주소가 적힌 봉투에 넣어 봉인하는 것은 언제나 감동적입니다.
사색보다 장난스러운 기분이 들 때는
내면의 동심을 불러올 재미있는 스티커로 편지를 꾸며 보세요.

가능하면 손 글씨로 메모하세요.
손 글씨는 마음을 드러내고 친밀감을 줍니다.
글씨에서 그 사람의 에너지를 느낄 수 있어요.
예전에 남자 친구가 독일의 내추럴 와인* 바에서 나에게 편지를
보낸 적이 있습니다.
기분 좋게 취한 듯 그의 손 글씨는 삐뚤빼뚤했고,
마지막 인사의 'X'와 'O'†는 다른 글자보다 훨씬 크게 쓰여 있었습

---

* 내추럴 와인(Natural wine)_ 포도의 재배부터 자연스러운 발효 과정을 위해 첨가물
  과 화학 물질을 최소화하여 제조한 포도주.
† X.O_ 미국에서 흔히 사용되는 키스(Kiss)와 허그(Hug)를 나타내는 약어다. 이는 애
  정과 정성을 담은 손 편지에서 종종 사용되는 표현이다.

우울해서 빵을 샀어

니다.

어떨 땐 만년필을 쓰고 싶을 때가 있습니다.
잉크를 살짝 묻힌 만년필이 종이 위에서 사각사각 소리를 내면
100년 전 어느 영국 거리로 돌아간 느낌이 들테죠.

별 하나에 쓸쓸함과
별 하나에 동경과

———————— 별빛이 쏟아지는 밤하늘에
로망을 품어 보지 않은 사람이 있을까요?

나에게 가장 소중했던 밤을 떠올려 보면 밤하늘에
별이 총총했습니다.
카우아이의 쌀쌀하고 어두운 모래사장에서 꿀이 든 차와
다크 초콜릿을 즐기며 별똥별을 세던 때가 기억나는군요.
숲과 물이 만나는 북부 미시간의 숲에서는 광활한 은하수가
머리 위로 펼쳐졌죠.
어디 그뿐인가요.
캘리포니아의 페스카데로 근처 등대에서 아마추어 천문학자들과
함께 바닷물 냄새를 맡으며 초승달을 관측했던 기억도 여전히 생
생합니다.

시골에서는 쉽게 별을 볼 수 있습니다.
한적한 도로를 따라 달리다가 풀밭에 담요를 깔고 앉아서 밤하늘
을 바라보세요.
온라인 검색을 하거나 현지인만 아는 숨겨진 길을 찾아봐도 좋아
요.

휴대전화는 집에 두고 오세요.

밤하늘 아래서 보름달을 바라보고 있노라면 모든 것이 광활하고

무한한 가능성으로 가득 차 보입니다.

별을 바라보면 상상력이 날개를 달고, 일상에서 벗어나,

새로운 꿈을 꾸게 됩니다.

그리고 우리는 삶의 축복을 더 깊이 느끼게 되지요.

도시에 사는 사람들에게는 흥미진진한 모험이 기다리고 있을지도

모릅니다.

렌터카를 빌려 한 번도 가보지 않은 마을과 숲으로 떠나 보세요.

별이 무수히 반짝이는 밤하늘 아래 누워 있으면

다른 곳에서는 찾기 힘든 순수함과 경이로움을 느낄 수 있습니다.

야외로 나가세요. 혼자라도 괜찮아요.

별을 바라보면 낯선 사람과도 금방 친구가 될 수 있습니다.

아름다운 별이 총총히 빛나는 밤은 우리 모두를

하나로 묶어주는 힘이 있습니다.

우울해서 빵을 샀어

이제 그들의 이야기를
들을 시간입니다

우리가 호기심을 가지고 가족을 대할 때,
친가족이든 우리가 선택해서 가까운 관계를
맺은 가족이든, 비로소 우리의 정체성과
뿌리를 더 깊이 이해할 수 있습니다.

가족의 이야기를 들어주세요.

이해하면 받아들이기 더 쉬워집니다.

가족은 영원히 당신 곁에 머물지 않아요.

말하지 않은 이야기는 오랫동안 마음속에 남아 당신을 괴롭힐 수
있습니다.

가족의 역사, 재능, 특성, 직업에 대해 얼마나 잘 알고 있나요?

가족이 함께 모여 이야기를 나눌 다양한 방법을 모색해 보세요.

다 같이 식사를 준비하거나, 동물 사진을 공유해 보세요.

하루 중 다른 시간대에 새로운 전통을 만들어 보면 어떨까요?

저녁 6시에 포도주 한 잔을 기울이며 진심 어린 이야기를
나눠 보세요.

평일 오후 4시에는 과거에 찍은 사진, 좋아하는 휴가지에서 찍은
사진, 혹은 사랑하는 반려동물의 사진을 단체 문자로 보내 보세요.

가족 구성원이 나와 매우 다르다고 생각하더라도 스토리텔링,

즉 이야기를 나누는 것은 여전히 유대감을 형성할 수 있는 훌륭한 수단입니다.
이를 통해 우리는 인생을 살아가는 동안 사람들과 지속적인 로맨스를 유지할 수 있어요.

우리는 누군가를 사랑할 때 이야기를 함께 나누고
상대방의 이야기에 귀를 기울입니다.
우리가 좋아하는 TV 프로그램을 매회 시청하듯
정기적으로 만나 이야기를 나누면
우리의 정체성을 형성한 아주 특별한 이야기들을
더 깊이 이해할 수 있습니다.

우울해서 빵을 샀어

엄마 뱃속에서처럼
물장구를 쳐보세요

무더운 여름날, 처음으로 물속에 완전히
잠기는 순간만큼 짜릿한 행복감을 안겨주는 건
없을 겁니다.

수영은 어린 시절 물놀이의 순수하고 단순한 즐거움,
익숙한 장소에 돌아온 듯한 안락함을 느끼게 해요.
수영장 파티의 흥거움이나 이른 아침 호수에서 수영할 때의
평온함처럼 말이죠.

동네 수영장에서 수영을 즐겨 보세요.
수심이 깊은 곳에서 물에 떠 있어 보세요.
자연의 고즈넉함에 둘러싸인 한적한 숲속의 명소를 찾아
물에 몸을 맡기고 구름을 올려다보세요.

물을 가르며 무중력 상태의 자유로움을 느껴 보세요.
젖은 머리카락이 온몸을 감쌀 때 어떤 느낌인가요?
바닥이 부드럽고 폭신폭신한 내륙의 호수에서 수영을
즐겨 보세요.
해초로 왕관을 만들고 풍선 뗏목을 타고 여유로움을
만끽해 보세요.

6월의 후덥지근한 초여름부터 계절이 바뀌는 9월 초까지
연중 다른 시기에 수영을 즐겨 보세요.
커피를 마시기 전과 해가 진 후처럼, 하루 중 다양한 시간대에
수영해 보세요.
한낮에 붐비는 호수를 방문해 보고,
늦은 오후에는 보트에서 다이빙을 시도해 보세요.
은은한 달빛 아래서 설레는 사람과 함께 야간 수영을 즐겨 보세요.

우울해서 빵을 샀어

발을 힘차게 굴리면
하늘로 오를 수 있어

어릴 적 누구나 '그네'를 탄 기억이 있을 겁니다.
땅을 힘차게 차고 오르면 하늘은 어느 새
내 눈 앞에 펼쳐집니다.

샌프란시스코의 버널 하이츠 인근에는 숨겨진 계단, 텃밭, 야생화
가 늘어선 길이 많습니다.
그리고 정상에 오르면 샌프란시스코를 상징하는 사진 찍기 좋은
명소 중 하나인 로프 스윙, 즉 나무에 밧줄을 매달아 만든 그네를
만날 수 있죠.

샌프란시스코 사람들은 로맨틱한 경험을 만드는 데 일가견이 있어
요.
버널 하이츠의 나무 그네가 그 대표적인 예라고 할 수 있겠네요.
도시 전체를 내려다보면서 다리를 차는 간단한 동작만으로도
짜릿한 활력과 경이로움을 느낄 수 있답니다.

나이와 상관없이 그네는 우리를 다시
어린아이처럼 느끼게 해 줘요.
잠시나마 걱정에서 벗어나 더 단순했던 시절을
회상할 수 있게 해 주지요.

사과 과수원, 아이스크림 가게, 놀이터, 시골집 현관과 같은 고요한 환경에서,

또는 세상의 거칠고 성급한 손길이 닿지 않은 곳에서 그네를 찾을 수 있습니다.

느긋하게 여름 밤하늘에 펼쳐지는 마술쇼를 즐기세요.

이처럼 소박한 경험은 우리 마음속에서 지워지지 않고 오래도록 남아서 영원히 젊음을 유지할 수 있게 해 줍니다.

우울해서 빵을 샀어

별다른 이유 없이
행복을 주는 나만의 보물

———————— 이 세상이 완벽하다면 우리는 항상
영감이 샘솟는 장소에서 살 수 있을 겁니다.

현실에서 우리는 종종 다른 사람의 물건으로 가득 찬 임시 숙소,
부모님의 취향대로 꾸며진 집, 삭막한 사무실 칸막이,
어딜 가나 비슷비슷한 호텔 방 등 우리가 선택하지 않은 장소에서
시간을 보내야 하죠.

지극히 평범한 방도 특별한 보물이 있으면 매혹적인 공간이 될 수
있습니다.
이 보물은 특별한 이유 없이 기쁨을 주는 기발한 작은 소품들입니
다.
이러한 작은 즐거움의 중요성을 과소평가해서는 안 됩니다.

로맨스는 아주 작고 사소한 부분에도 주의를 기울이는 것이니까요.

사무실 카펫을 바꾸거나 고급스러운 소파를 살 수는 없더라도
공간에 매력과 개성을 더하는 작은 장식품을 살 수는 있습니다.

색다른 명절 장식품, 청동 장신구, 종이부채, 사랑스러운 머그잔,
유리잔이나 스팽글 호박, 은은하게 깜빡이는 양초 등
외출할 때마다 항상 이런 작은 소품들을 무심코 지나치지 마세요.
골동품 가게, 기념품 상점, 원단 가게, 휴양지의 부티크 매장,
중고품 가게를 정기적으로 방문해 보세요.

　　유일한 규칙은 물건이 행복을 가져다주어야 한다는 겁니다.
　　이유 없이 진심으로 그 물건을 사랑해야 합니다.
　　다른 사람들이 "너한테 찰떡이야."라고 말한다면
　　아주 잘 고른 거예요.

햇빛에 반짝이는 수정이나 길가에서 주운 꽃처럼 자연 속에서
발견한 물건이나 친구들이 만든 예술품 같은 것들을 수집하세요.
빈티지 벽지, 향낭, 화려한 유리병, 천사의 날개, 골동품 꽃병, 인어
인형, 보석함과 오르골, 망원경, 지구본, 서로 어울리지 않는 베개,
멋진 램프, 풍경風磬 등을 찾아보세요.
장식용 꼬마전구로 공간을 밝히고 식물 주위에 화관을 달아 보세요.
보물이 분위기에 맞는지 안 맞는지, 근사한지 평범한지는 걱정할
필요 없습니다.
당신에게 기쁨을 주고, 당신의 마음을 사로잡고, 설레게 하는 물건
이라면 집 안 어디에나 들여놓을 수 있습니다.

　　　　　　　　　　　　　　　우울해서 빵을 샀어

닳고 닳은 감정이
새롭게 태어나는 헌책방

'헌책방'은 온갖 책들이 마구잡이로
널려 있습니다. 책방을 방문한 사람들은
열혈 탐험가가 되어
여기저기 책을 탐색해야만 합니다.

삐걱거리는 카펫 바닥과 어수선한 지하 공간, 흥미진진한 줄거리
와 환상적인 삽화,
그리고 무한한 가능성으로 가득한 숨겨진 작은 공간에서는 무엇을
발견하게 될지 아무도 알 수 없습니다.

영화에서 헌책방은 〈노팅힐〉에서처럼 두 사람이 사랑에 빠지거나,
〈네버엔딩 스토리〉에서처럼 환상적인 세계로 탈출하는 장소로
그려집니다.
실제로는 특이한 손님과 직원을 발견할 수 있거나,
다양한 사람들의 개성 있는 말투를 듣게 되는 곳이죠.
요즘처럼 빠른 속도로 움직이는 세상에서는 거의 느끼기 힘든,
느리고 감성적인 경험을 할 수 있는 장소입니다.
한시가 바쁜데 헌책방을 찾는 사람들은 거의 없을 테니까요.

헌책을 펼치면 그 책을 사용했던 사람들의 흔적을 발견할 수 있습
니다.

누군가가 흘려 쓴 사랑 고백,

밑줄이 그어진 구절,

낡은 사진 한 장 등 세월의 흔적이 고스란히 담겨 있습니다.

퀴퀴한 책 냄새,

손가락 밑에 닿는 바스러질 듯 낡은 페이지의 촉감,

너무 낡아서 책장이 겨우 붙어 있는 책의 느낌을 발견해 보세요.

우울해서 빵을 샀어

타박타박 맨발 걷기

―――――――――― '맨발'로 걸으면 땅과 내가 완벽한 하나가 되어
더 자유로운 존재가 됩니다.
내면 깊은 곳에 있던 감성은 더욱 고조돼
현재의 순간에 더 깊이 몰입할 수 있게 됩니다.

새로 다듬은 잔디밭에 발을 딛고 방석처럼 푹신한 땅의 감촉을
느껴 보세요.
자리에 앉아 발바닥에 묻은 흙을 관찰해 보세요.
밤에 해변에서 신발을 벗고,
발가락 사이로 파고드는 차갑고 어두운 모래의 감촉을
느껴 보세요.

젖은 모래에 찍힌 발자국을 살펴보세요.
부드럽고 푹신한 카펫 위를 맨발로 걸어 보세요.
차갑고 단단한 나무 바닥을 힘차게 걸어 보세요.
돌길을 까치발로 걸어 보세요.
개울의 매끄러운 바위를 뛰어넘어 보세요.

테라스에서 발을 가구에 편안하게 올려놓고 휴식을 취하세요.
아늑한 담요 아래에서 발을 마사지해 보세요.
가죽 소파에서 발가락을 꼬물거리며 가죽의 부드러움을

느껴 보세요.
비바람이 몰아친 후에는 밖에 나가 뛰놀아 보세요.

저녁에는 향기로운 족욕으로 피로를 풀어 보세요.
발에 로션을 마사지하며 무사히 보낸 하루에
감사의 마음을 표현하세요.

우울해서 빵을 샀어

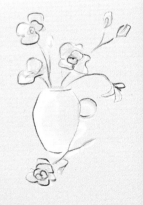

우리 모두는 제멋대로 피어난
들꽃입니다

고요한 꽃밭은 깊은 인상을 남깁니다.
좀 더 깊이 거닐다 보면 그 꽃들이
얼마나 자유분방한 모습인지 알게 됩니다.

나는 서부 지역에 살 때 1번 고속도로를 따라 여유롭게 드라이브를 즐기곤 했습니다.

이따금 도로변에 주차된 차들이 눈에 띄곤 했는데,

자세히 살펴보니 사람들이 일명 '슈퍼블룸Super Bloom'이라고 하는,

사막에 일시적으로 들꽃이 많이 피는 현상을 보기 위해 차를 잠시 세운 것이었습니다.

여기저기를 돌아다니며 들꽃을 찾아보세요.

집 근처에서 가장 멋진 산책로와 하이킹 코스를 알아보세요.

도시에 산다면 들꽃이 피는 가까운 공원에 나가 보세요.

들꽃은 우리에게 풍요로움을 가르쳐 줍니다.

예상치 못한 곳에서도 뜻밖의 아름다움과 활기가 넘쳐날 수 있다는 것을요.

우리는 모두 들꽃과 같은 존재입니다.

인생에서 갑작스러운 순간에 꽃이 피어나더라도 놀라지 마세요.

227

이러한 변화와 성장을 경험하는 모든 사람이
자유롭게 꽃을 피울 수 있도록 아낌없이 격려해 주세요.
언젠가는 당신도 가장 아름다운 정원 한가운데
활짝 핀 꽃이 되어 있을 것입니다.

우울해서 빵을 샀어

우울해서 빵을 샀어

일상이 로맨틱 영화의 한 장면이 되는
52가지 감성 레시피

펴낸날 2024년 9월 3일 1판 1쇄

지은이 안드레아 카스프르작
그림 카타리나 푸리처
옮긴이 이현숙
펴낸이 김영선
편집주간 이교숙
책임교정 정아영
교정·교열 나지원, 이라야, 남은영
경영지원 최은정
디자인 검정글씨 민희라
마케팅 신용천

펴낸곳 이든서재
주소 경기도 고양시 덕양구 청초로 66 덕은리버워크지산 B동 2007호~2009호
전화 (02) 323-7234
팩스 (02) 323-0253
홈페이지 www.mfbook.co.kr
출판등록번호 제 2-2767호

값 17,800원
ISBN 979-11-986326-8-5 (03190)

㈜다빈치하우스와 함께 새로운 문화를 선도할 참신한 원고를 기다립니다.
이메일 dhhard@naver.com (원고 및 기획서 투고)